星座&血型

密碼完全大破解

攜帶版

永續圖書線上購物網

讀品文化
事業有限公司

WWW.foreverbooks.com.tw

yungjiuh@ms45.hinet.net

幻想家系列 18

星座&血型密碼完全大破解（攜帶版）

編　　著	六分儀
出 版 者	讀品文化事業有限公司
執行編輯	林美娟
美術編輯	翁敏貴

社　　址	22103　新北市汐止區大同路三段 194 號 9 樓之 1
	TEL／(02) 86473663
	FAX／(02) 86473660
總 經 銷	永續圖書有限公司
劃撥帳號	18669219
地　　址	22103　新北市汐止區大同路三段 194 號 9 樓之 1
	TEL／(02) 86473663
	FAX／(02) 86473660
出 版 日	2013年12月

法律顧問	方圓法律事務所　涂成樞律師
CVS代理	美璟文化有限公司
	TEL／(02) 27239968
	FAX／(02) 27239668

國家圖書館出版品預行編目資料

星座&血型密碼完全大破解（攜帶版）/ 六分儀編著.
-- 初版. -- 新北市：讀品文化，民102.12
面；　公分. -- (幻想家；18)
ISBN 978-986-6070-99-0(36K平裝)

1.占星術 2.血型

292.22　　　　　　　　　　　　102019893

前言

　　十二星座的起源可以追溯到幾千年前，是人們根據人們出世時行星和黃道十二宮的位置確定的。你知道星座的奧秘嗎？或許你還不知道，每個人出生時，宇宙間星辰的位置均能影響其性格與命運。距今約五千年以前，強大的巴比倫帝國就用占星術預測國王的命運、國家的興衰或者大自然的各種異象。如今，人們對星座的神祕力量仍然興趣不減，十二個星座有著迥然不同的個性和活動力，昭示著他們不同的人生軌跡。

　　十二個星座，十二種獨特氣質，也就決定了十二種不同的人生軌跡。人生漫漫，你還在為未來做什麼而發愁嗎？競爭激烈，你還不知道最適合自己的工作是什麼嗎？與十二星座人共處蒼穹下，應該注意哪些問題才能獲得和諧自然的人際關係呢？星座這些天生的力量決定著你的擇業方向、與人相處之道！翻開本書的星座書頁，找到屬於自己的代表「座」，這裡有最適合你的工作，有屬於你自己的從業寶典，這裡還將解密十二星座的相處之道，讓你獲得和諧幸福的人生！

血型就是主宰著人們思維的紅衣主教；而星座便是決定你人生軌跡的神祕力量。學會用血型、星座暗藏的智慧去瞭解自己的性格特點，試著拿出血型、星座智慧與應用全書這本神祕教義來剖析你身邊的人，你也會明白身邊的人會這樣做而不是那樣做的原因，就能獲得事業和人生幸福的清晰路徑！

星座之章

血型之章

第一章
星座與血型的祕密

　　停止盲目的行動，科學運用血型、星座的奧秘和知識，瞭解血型、星座這兩大主宰你思維和命運的神祕影響力，就能更深入的認識自己，認識身邊的人，更好的實現自己在人際、事業各個領域的目標！

你不知道的**星座奧秘**：
十二種不同的人生軌跡！

十二個星座，十二種人生。

你知道星座的奧秘嗎？或許你還不知道，每個人出生時，宇宙間星辰的位置均能影響其性格與命運。通常我們所説的星座，是指人出生時太陽所在的位置。根據人出生的瞬間，將九大行星和月亮所在的位置製成天宮圖，再根據占星學原理，由春分點開始約以一個月為間隔區分了十二個星座，包括白羊座、金牛座、雙子座、巨蟹座、獅子座、處女座、天秤座、天蠍座、射手座、摩羯座、水瓶座和雙魚座。

按照古代十二星座又大略可分為兩大類，即陽性星座和陰性星座，分別代表外向性格和內向性格。此外，古人又把人分為火、土、風、水四大元素，十二星座也分別被歸納在四大元素中。每一個星座都有一個美麗動人的傳説故事，預示著人們不同的性格命運。

讓我們進行一場神奇探索之旅！

★白羊座（3月21日至4月20日）

擺脫了嚴冬困境的春天，欣欣向榮，生命力旺盛，有衝勁，不受束縛，極其自信，坦白直率和勇敢，時刻充滿自由的氣象。

★金牛座（4月21日至5月20日）

從春季突然出現的繁盛景象中慢慢穩定下來，專一持久，善理財及爭取權力，佔有慾強，有恆心有毅力。

★雙子座（5月21日至6月21日）

能言善辯，易改變，好奇心重，興趣多而且多才多藝，思維敏捷卻不能專注於單一問題。

★巨蟹座（6月22日至7月22日）

個性內向、穩定，以家庭為中心，害怕未知的事物，愛好大自然，有創造力，擁有很強的保護慾，總是小心的保護自己和家人。

★獅子座（7月23日至8月22日）

像仲夏一樣熱情洋溢，需要經常被注意及讚賞。衝動而且做事誇張，愛挑戰當權者。傳奇而且任性，勇往直前，敢於戰鬥、熱情大膽。

★處女座（8月23日至9月22日）

炎夏過去的初秋，不復有獅子座般的衝動及熱情。氣質高雅，卻異乎尋常的敏感，情緒易變、悲觀、有批評性格、是美麗而神祕的完美主義者。

★天秤座（9月23日至10月22日）

處於萬物尋求平衡與和諧的時期。富有人情味，思想周密，善於社交，做事投入而客觀，愛管閒事，代表公正，會努力捍衛正義。

★天蠍座（10月23日至11月21日）

臨界深秋與冬日交界之時，處於繁盛與衰亡之間，是最複雜的星座，精力充沛、耐力持久，領悟力強，但內心複雜容易情緒低落。

★射手座（11月22日至12月20日）

個性既有平靜的一面，又有熱烈的一面。焦躁不安和好動外向、好奇、愛好旅行及冒險，喜歡多姿多彩的生活，他們的行為有如天馬行空般無法捉摸。

★摩羯座（12月21日至1月19日）

冬季是沉默、冷靜及理性的代表。他們是現實主義

者，倔強固執、保守善良、負責，而且思想保守務實，有追求但不張揚。

★水瓶座（1月20至2月18日）

隆冬季節出生的水瓶座，內心像寒冬一樣冰冷，獨立而有個性，是最具潛質的發明家及革新者。他們慷慨大方，能屈能伸，思想開放，好奇心重，做事迅速。

★雙魚座（2月19日至3月20日）

標誌著經歷嚴冬等待重生，性格屬於神祕主義者，愛憑直覺做事，內心充滿矛盾，敏感溫柔，是最靈敏的環境感應器，最會發掘人的情緒變化。

你不知道的**血型祕密**：

瞭解不同血型的特點！

很多研究者認為，血型就像基因一樣對人的很多行為有某種決定作用。在日常生活中，我們與朋友、同伴的聊天過程中，常有一種感覺，他們的性格特點常有相矛盾的地方讓人費解。而且，你一定很想知道，為什麼有的人感情豐富容易激動，遇到小事也會歇斯底里；而有的人卻沉著冷靜，天塌下來也好像沒什麼大不了。

一般來說，血型包括Ａ、Ｂ、Ｏ、ＡＢ型四種，大家都知道血型可以遺傳，可以用來做親子鑑定。可是也許你還不知道，流淌在你身體裡的紅色液體還會不知不覺的影響著你的思想行為。它就潛藏在你的身體裡，決定著你與眾不同的思維方式，是主宰著你思維的紅衣主教。

早在１９２７年，日本學者古川竹二就提出了「血型性格學」，認為在血型和性格之間明顯存在聯繫。人因血型不同而具有不同的性格；同一血型的人具有相同

的性格。當然,人的性格和血型並不存在著絕對必然的聯繫。瞭解不同血型的特點,不僅能讓你更加瞭解自己,也能讓你更輕易的洞悉他人。

A 型

性情溫和,多疑慮,怕羞,順從,喜歡依靠他人,易衝動。他們大都希望生活安定,注重感情和家庭生活,幼時就懂得顧及他人,人情味濃郁,尊重社會規則,富有團體歸屬感、同情心和犧牲精神,不願意「譁眾取寵」的出風頭。另一個特徵也常常在幼年期就萌現出來,就是對己對人凡事皆要求完美,是個天生的「小算盤」。這一傾向雖養成了他們認真向上,不斷進取的性格,有時卻會招來別人的埋怨,說他們是愛「雞蛋裡挑骨頭」的人。

B 型

愛好自由,奔放,快活,不拘泥小節,愛熱鬧善於社交,喜動不喜靜是他們最大的特點。所以,B 型血人在團體中總是受歡迎和注目的對象。他們不太顧念周圍,喜歡我行我素,厭惡束縛,不在乎旁人的眼光,常

可發揮出潛在的能力，卻也因此給人留下處事欠慎重的印象。他們就是典型的「超然物外一族」，高唱著「自由價更高」，淡泊名利，興趣廣泛。

O型

最容易直接表現出其與現實有關的各種願望。他們熱愛生活，堅強好勝，平時也總是把生活目的放在首位，對利害關係和個人得失能夠迅速、冷靜的做出判斷，富有很強的現實感。他們霸道，有膽識，一旦確定目標，就能向著目標直奔，為了達到目標而堅持不懈。

AB型

認為相安無事便是最佳狀態，討厭競爭和為個人利益發生的衝突，經常處於第三者的立場上擔負協調關係的任務。他們兼具A型血和B型血人的特徵，有人因此稱其為雙重性格。他們講究社會常識，堅強自信，直覺敏銳，但有時又性情急躁，其實只是因為他們對事物的觀察較常人深入而已。

第二章

生日裡隱藏著怎樣的**祕密**？

點亮星燈，尋找你的代表「座」！

十二星座的起源可以追溯到幾千年前，人們根據出世時行星和黃道十二宮的位置，來預卜他們一生的命運。十二個星座有著迥然不同的個性和活動力，昭示著他們不同的人生軌跡。你的生日究竟蘊藏著多大的神祕魔力？如果你很好奇，那還等什麼？趕快翻開本章，點亮星星之火，一起尋找自己的代表「座」！

白羊座

★春日的氣息，自由的氣象。

白羊座的人是戰神馬斯所主宰的星座，時刻充滿希望、和藹可親、行動力、活力充沛、誠心誠意。在晝長夜短的「春分」時節出生，由於陽光充足，春暖花開，白羊座都是充滿活力而幹勁十足的活躍者。

羊兒們做事積極、熱情有活力，總是給人樂觀開朗、充滿生氣的活力感。他們喜歡陽光，和一群朋友開開心心的在陽光下嬉耍，是白羊座最懷念的美好時光。

白羊行使俠義、自由爽朗的性格，使他們能結交許多知心的朋友。人們不但喜歡這麼活潑可愛、熱情洋溢、心直口快的羊兒們，而且還不知不覺被他們充滿春日溫暖的言語感染。但是他們對朋友的要求也很高，不少人受不了白羊座對朋友的殷殷期許。

白羊座是戰神的象徵，狂熱過人、精力無窮以及強烈的競爭性格是他們最鮮明的特色。凡是白羊座的人，不管遭遇多大困難，都抱著正義感而開拓機運，是頗具實踐力的人。

羊兒們熱愛自由，無拘無束的個性，不顧一切追求目標的灑脫自然，總喜歡冒險和嘗試，具有積極開創的精神決定著他們很有可能成為探險家，也有可能將冒險犯難的精神發揮在別的領域中，因為只有不斷變化的環境才能讓他們得到真正的滿足。羊兒喜歡從事競爭性的工作，在熱鬧且富於變化的環境中，更能展現其靈敏的反應和過人的判斷力。

白羊座的人無法忍受步調緩慢或安定而一成不變的職業，他們天生不適合局限在小小的辦公桌前，因為那讓他們無法盡情發洩過人的精力，適當的挑戰會激發他們步向成功之路。

白羊座人有著積極向成功目標快跑的雙腿，連擅長飛奔的馴鹿都甘拜下風。羊兒性格爽朗，不拘小節，極具領袖氣質。充滿自信而固執又旺盛的企圖心，喜歡接受挑戰。因此，自信熱情的羊兒們一般不會輕易聽從別人，會堅決貫徹自己的決定。

他們容易發怒，一旦被瞧不起便立刻火冒三丈。自我主義和那張喜歡挖苦別人的嘴，常使得週遭的人被那

如機關槍般發射出來的言詞打得稀哩嘩啦。他們缺乏耐心，有時候個性急躁，不過還是給人一種輕快自然和自由爽朗的印象。

白羊座的愛情像一場小型攻防戰，總是樂於追求和征服。白羊座是道道地地的大男人／大女人主義者，因此害羞、靦腆的人一般吸引不了他們的注意，他們所要求的絕對是活力充沛、精力旺盛的戀人。能夠與他們一起全力以赴的運動、工作以及生活的對象，才是白羊座夢寐以求的伴侶。

白羊座的人天性樂觀，總是欣欣向榮，積極向上。悶悶不樂的人生絕不是白羊座的人所嚮往的，他們會極力設法讓自己擺脫鬱悶，全心希望有一個新生活。羊兒們經常保持一顆愉快開朗的心，即使與人發生爭執，也能在隔天表現得若無其事的樣子。

金牛座

★任憑斗轉星移，我心亙古不變。

金牛座的守護星是金星，金星是美的女神維納斯天皇，具有清潔、愛人的精神，金牛座的人看似頗為穩靜，但不畏任何迫害，而具彈性信念的強人。

金牛座人，不但具有美與調和的精神，更是溫順可親、專一執著的人。

金牛座是黃道的第二個星座，是「土象星座」的第一個星座，故也稱「土象的嬰孩」。所以他是一隻不折不扣的「牛」，而且是一頭固執倔強、佔有慾很強的牛。他是一個做事有計劃且能堅持到底的人，卻因缺乏協調性，不善於分工合作而導致於工作常由自己完成。

金牛座人有著固執十足的牛脾氣，一旦認定就不會改變，任憑斗轉星移，牛兒們依舊執著堅持著自己的目標和追求。牛兒追求腳踏實的的平實感，個性溫和，莊重正直，從不做任何不切實際的幻想。

牛兒喜好一切美好的事物，對音樂，舞蹈的節奏感有著與生俱來的天賦。具有天生的藝術才華，常常令人

稱羨，演藝界、藝術界、寶石鑑定業、金融業、烹飪、
料理事業都可能是牛兒們大展宏圖的領域。

他們忠誠、真心、善解人意、實際、不浮誇、率
真、負責，凡事講求規則及合理性，喜歡新的理念並會
花時間去接觸、證明，是個自我要求完美的人。同時他
們對物質和美的追求方面，也是超人一等。

金牛座在十二星座中算是工作最勤勉，吃苦耐勞、
堅忍不拔的人。

耐心、耐力、韌性是其特性。同時對事業有創造性
的眼光，使得牛兒們在創業的時候，朋友對他們都有信
心，而且牛的倔強品行能讓他們咬牙撐過創業維艱的時
期。

為實現自己的追求，他們會選擇最安全、確實的途
徑，當然這通常是長期的醞釀和深思熟慮得到的結果，
因為牛兒一直小心謹慎，一旦下定決心，沒有人可以改
變它，誰叫他們有著「牛」一樣固執的倔脾氣呢？

第一眼的印象，決定一頭牛對你的喜惡。他們不會
輕易改變這第一印象，即使是成見，他們也不會認為自

己看錯你。

你可能在後來的努力中，讓他們覺得你有不可能被忽視的優點，但他們還是會常想起他們對你的第一眼壞印象，不會放棄繼續嚴格考核你的任何機會。當然，你們的初遇如果是愉快的，即使後來有不愉快，牛兒也不吝嗇給你機會來改進。

一般而言，牛兒們的愛情比較保守，他們相信擁有愛情、美麗與富有的喜悅，是生命存在的證明，也是他們信仰的真理。歌曲裡經常唱的「一生只愛一個人」往往是金牛座的最高理想。兩小無猜、同窗之愛、公車戀情、辦公室愛情故事，都是金牛座期待的愛情模式。

他們對人生充滿獨到的信念，但是沒有求新求變的勇氣，所以會顯得有點缺乏幽默感。而金牛座的人常希望有人陪伴他們慢慢的走完漫長的感情，所以這勢必是一場極需耐心的愛情長跑，當然冠軍只有一位，因為牛兒的專一是出了名的。

雙子座

★性格更多重。

雙子座位於十二星座的第三宮，是自然翠綠色最美的季節。凡出生於這翠綠美時期的雙子星座人，不但頭腦靈敏，且推理力優於他人甚多。也由於雙子有兩個「腦袋」，又有雙重性格，兼具光明開朗的一面和陰霾低潮的一面，性情多變，個性活躍的雙子總富有隨機應變的智性。

雙子的守護星是水星，水星是商人的星座，雙子座的人靈敏度表現得極為突出，顯得才華橫溢，善於言辭。雙子聰慧過人，有極強的創造能力。他們天生有駕馭文字的能力，大多寫得一手好文章，不過若是有心從事寫作的行業，最好事先擬好寫作大綱，以免半途而廢。

雙子座的人需要不斷發掘新的興趣，所以他們討厭單調、冗長的工作。新聞事業（報社、廣播或電視）是最適合他們的行業，能夠滿足具有語言方面才能的雙子座急於溝通的本能、喜歡變化的需求，而且喜歡旅行和

擅長交涉的他們，在各類業務工作中也是如魚得水。

雙子座的人才情洋溢，並具有強烈的感染力，因為他們善於在遊戲的氣氛中，親近你，瓦解你的武裝，引導你開發自己潛藏的快樂能力。他們是所有星座中最能迎合時代潮流的星座，故而和別人較易打成一片，絕對不用擔心什麼代溝問題。他們精力旺盛，對工作認真，對朋友講情意，對事業野心勃勃。但是雙子座無法忍受一成不變的關係，所以風象的雙子喜歡與頭腦聰明、精靈古怪的人交朋友。

如果你認為雙子永遠都是這樣活潑熱情那你就大錯特錯了。雙子座是雙面人，具有雙重性格。好玩、好動、好奇，使雙子座像一枚跳動不休的火焰，時強時弱，卻永不熄滅。

他們聰慧過人，口才極佳，很有創意思維，但是卻是很情緒化的人，時而快樂奔放，時而又有點憂愁詩人的氣質，與雙子關係密切的友人和家人都被他們多變的性格、情緒弄得精疲力竭，這一分鐘可能你還在琢磨著怎麼安慰雙子，下一分鐘他們可能就又蹦又跳挽著你去

逛街了,別奇怪,誰叫雙子有兩個「腦袋」呢?

　　雙子追求多變的個性,不管雙子男或者雙子女都適合活躍在人群中,和每個人都極易打成一片,擁有相當不錯的人緣。

　　孔老夫子說的「窮則變,變則通,通則達」正是雙子座的處世觀。他們時而冷靜觀察紅塵之事,時而任思緒紛飛於浪漫的夢中,具有複雜的雙重性格,他們「見人說人話,見鬼說鬼話」,具有相當強的語言技巧及溝通能力,對存在於宇宙之間的事物,有著比常人多一分因好奇而得來的理解力。

　　因此,要瞭解雙子座,你的好奇心與理解力都不能太差,否則你是跟不上他們迅速轉動的頭腦的!

巨蟹座

★請讓我來保護你吧！

月亮守護巨蟹座，也是母性的守護者，所以巨蟹座是所有星座中最具家庭觀念的星座。螃蟹們具有強烈的母性或父性的本能、保護色彩濃厚，他們謹慎、節儉，是標準的賢妻良母或好丈夫、好爸爸。

蟹本來是女神亨拉的使者，但因過度保護自己的領域，結果連自己也變成為蟹狀。巨蟹座人不管男女都親切和善、溫柔體貼、寬容不記仇，對家人與好朋友非常忠誠。

他們記憶力很好，求知慾很強，順從性強，想像力也極豐富。蟹兒們善良、熱心、敏感、富有同情心；長於記憶、腦筋敏銳、領悟力好、適應力佳、有高度的想像力；有堅強意志力和耐力，不屈不撓；理財觀念甚佳，節儉且很會過生活；忠於愛情，重視家庭的溫暖與安定，擅理家務，重視家庭的和諧。

蟹兒們富有愛心，性格比較陰沉，作風謹慎卻比較黏人，對所愛之人隨時保持高度關懷，甚至演變成焦慮

不堪的程度。巨蟹座的男人會為了建築自己的巢而獻出一切努力，成為蟹兒們的朋友甚至他們的家人，可以感受到他們源源不絕的保護關懷之意。不過千萬不要嘗試在他們的王國做個特別的「另類」，不然你會被他們照顧的「很累」，因為蟹們時刻準備著保護你，為你奮不顧身的劍拔弩張。

巨蟹座的人正巧符合了螃蟹外殼堅硬，內部柔弱的本質，他們在心理築起一道堅實的保護牆，如果你向巨蟹座的人挑釁，就會立刻遇到他們有如城牆一般堅固的防衛系統。

巨蟹座的人體貼、善解人意、極富同情心，熱心的他們隨時準備保護自己身邊的人，越是弱小的朋友越能引起蟹兒們的保護慾。你可以去找一個巨蟹座的朋友傾吐心事，他可以聽上三天三夜而始終保持貼切的笑容，你會為此大受感動，不過你可能更訝異於他們付出同情心的超人耐力。不要擔心巨蟹座朋友落井下石，在你窘況的時候棄你而去，因為愈是不幸的人，愈能得到蟹兒們的照顧。

　　巨蟹的男子多很戀家也多有戀母情結，他們情感深厚且溫和，讓週遭的人倍感溫馨。

　　巨蟹女孩十分喜歡小孩，又擅長家務。蟹兒們敏感的特質表現於愛情上的，遠不及發作於婚姻。穩住自己的生活節奏、提升生活水準，擁有幸福的家庭生活是他們人生所追求的重點。

　　從事服務業和公益活動，能使一隻多愁善感的蟹獲得較多快樂的機會。而一旦擁有舒適美滿的家庭時，巨蟹座人可以放棄一切，全心投入，蟹媽蟹爸對家庭的責任感一向無與倫比，極富母性的蟹們總忍不住做「保護你」的事情。

獅子座

★高傲既是魅力，又是缺陷。

獅子座人，像仲夏一樣熱情洋溢，需要經常被注意及讚賞。在熾熱陽光的籠罩下，獅子總流露出一股驕傲和自信，充滿魅力極具激情，期待眾人的喝彩，渴望綻放出讓人艷羨的生命光華。

獅子座的守護星為代表正義和光榮的太陽，所以其性格如同光芒十分明亮，而具有豐富的感情，尤其為人服務的精神最令人佩服。

他們是充滿正義感，自信驕傲的使者，也是能帶給別人無限希望、人們樂於接近的好友。獅子喜歡快樂的事物，個性開朗爽快，最讓人印象深刻的就是他們從不熄滅的自信焰火，最會將各式活動、典禮的氣氛帶動至最高潮。獅子座人衝動而且做事誇張，愛挑戰當權者，傳奇而且任性，勇往直前，敢於戰鬥、熱情大膽，難怪演藝圈裡有眾多「獅子」們。

提到上司這件事，所有人都不能否認獅子可是天生好手，而且渾身上下都散發著與生俱來的王者魅力。他

們擁有非同一般的戰略思維，超凡的自信和魄力，熱情洋溢，總能在最愉快的氣氛下引導別人付諸行動，所以論上司氣質獅子絕對位居十二星座之首。

獅子們需要一份能夠充分發揮才能的工作，因為他們熱愛工作，總是全力以赴，幾乎不知休閒為何物，總是高唱「天生我材必有用」；本質陽剛、專制、具有太陽般的生氣；寬宏大量、樂觀、海派；光明磊落、不拘小節、心胸開闊。

在十二星座中，獅子座是最具有權威感與支配能力的星座。獅子們對自己很有自信，擅長組織事務，喜歡有秩序；能夠發揮創造才華，使成果具有建設性、原創性，是個行動派。他們受人尊重，做事相當獨立，知道如何運用能力和權術以達到目的，不過也會有頑固、傲慢、獨裁的一面。同時，他們天生懷抱崇高的理想，能夠全力以赴、發揮旺盛的生命力。

獅子的驕傲雖然為他們帶來與眾不同的魅力，盡顯王者本色，然而有時候也給他們帶來麻煩。獅兒們太過自信，總覺得自己能力過人，所以常常不能老老實實承

擔比較艱苦的任務，甚至對呆板枯燥的工作也不能承受。如同燦爛耀眼的太陽一般，獅子座的人熱情洋溢、樂天，卻也容易傲慢頑固，讓人不舒服。

王者星座的他們，具上司能力與俠義風範，充滿活力和強烈的企圖心，卻不善於做深入的思考。他們傲慢自負，外向開朗之下，卻常感到內心孤寂。

也因為他們開朗，豪氣，所以即使初次見面的人，也能在頃刻間與之高談闊論起來。但是獅子太容易相信別人，所以要小心被欺騙被利用，就要收斂下自己的傲慢。獅子男常常自認為才能卓越，普天之下捨我其誰，所以過度慷慨大方，大肆浪費，矯飾造作的說辭總能流利的脫口而出，讓女性對他們另眼相待。什麼事都很大方的說：「交給我包辦！」如果確有能力便好，如果力所不能及的事情也盲目，就常常給人誇誇其談、愛出風頭的印象。沒錯，獅子們的驕傲自信，讓人歡喜也讓人愁。

處女座

★具有纖細的感受性。

處女座的人感覺敏銳，頭腦冷靜對事物能做出正確的判斷。他們自我要求甚高，很容易神經緊張，是個十足的完美主義者。處女座的人最津津樂道的，莫過於他們令人訝異的追求完美的毅力。處女座在完美主義者中，是佼佼者。對他們來說，追求完美並不需要才情，而是頑強的生命力與永無止境的恆心。

在處女座人的字典裡，完美是一種習慣。花了許多心思去決定的事，便會貫徹執行。他們不喜歡半途而廢，更討厭背棄最初的夢想，因為這等於否定了「完美」世界的不可能。從工作事業到衣著打扮，處女座的人們一直用細膩的心思裝點著完美的「因子」，詮釋著自己的生活態度。

處女座大概是黃道十二個星座裡最嚴格自制、最修養到家的星座，心思細密、感情內斂、思路清晰是處女座人最大的優點。

處女座的人安靜而有條不紊，總是默默行事，這種

典型的處女座勤奮特質在他們執行事情或解決難題的時候，尤其明顯突出。而完美主義者的個性又能讓他們工作起來精益求精，並且負責務實的他們總能得到上級和上司的青睞。

處女座人通常適合做會計、影評人、看護及醫藥界，而且往往會在同一工作崗位上待好幾年，即使別人可能覺得無聊乏味的工作，他們也會能樂在其中。這個星座的人，追求的是簡單而純粹的真理，在他們身上可以感受到一種追求完美與純潔的氣質。

處女座的女性最適合從事秘書工作，永遠是一身整潔高雅的服飾，辦公桌也收拾得有條不紊，給人清爽利落的感覺，對老闆交代的事情，更能夠處理得條理分明。他們喜歡一成不變的例行公事，因為井然有序是他們所追求的目標。處女座的人一般都是學識淵博的人，很懂得如何去安慰一個失意的朋友。

他們的思考力很強，收集、分析、歸納、重組和整合，一貫作業，獨力承擔的做事風格，令人佩服。遺憾的是，習慣性的「自我批評」常使人誤會處女座的人有

點冷漠。

　　由於內心的完美主義作祟，處女座人對細節過於專注，導致自己目光短淺甚至變成吹毛求疵，讓人很受不了。由於心思敏感、神經敏銳，很容易任何事都掛心，顯得有點小家子氣。如果處女座人能適當的放寬對自己和別人的「標準」，知性的他們就能擁有更好的人緣。

　　對待愛情，處女座也是十分挑剔。他們在初戀時，就已經打了草稿：既要能符合父母的期望，也要有獨特的個性；要外表出眾且內涵豐富；要孝順父母又要喜歡小孩；要溫柔加爽朗；要幽默加智慧……這麼多的理想放在一起，就算去訂做，也未必能完全讓處女座的人滿意。然而當愛情走到婚姻的關口，處女座的選擇是理智而且務實的。

　　處女座的人不會選一個自己不喜歡的人，來折磨自己一輩，但是會從喜歡的人中，挑選最具價值的一位，走上人生的新階段。

天秤座

★浪漫天秤，溝通無障礙。

天秤座的守護星是金星。以愛神維納斯命名，象徵愛情與美麗，有著支配女性魅力與吸引異性的能力，天秤座既是浪漫的戀愛高手，又是能言善辯的社交家。由美的女神所保護的天秤座，頗富感性和高尚品格，並具有優異的批判和調和感，因不偏於極端而又具有均衡的人生觀，所以都能表現出創造性的美感。

他們性格誠實溫和，富同情心而看重感情，處事力求公正與中庸不偏激，浪漫多情，心思細膩，天生具有藝術細胞和創造力，有令人激賞的音樂及藝術天才，假使能控制對享樂的沉溺，必可獲得成功，在醫學和慈善事業方面亦有卓越的才能。

所特具的機靈和外交手腕，使他們很容易成為站在時代尖端，而又受到歡迎的人。天秤們能言善道，屬於溝通無障礙的人，適合擔任人與人之間溝通的橋樑。不管男女老少，只要天秤願意都能跟你打成一片。

天秤們最能夠體貼別人的心意，考慮事情時能夠站

在對方的立場來想，所以秤子們通常人緣不錯。天秤座的人好熱鬧，天生好客，喜歡人群，害怕孤單。

他們不善獨處，工作上也適合與人合作而不適合獨挑大樑，所以你幾乎看不到一個人「單打獨鬥」的秤子，就是經商，他們也多半會與別人合夥。

天秤人心的善良，有古道熱腸和仁心，富同情心而看重感情，處事力求公正與中庸，不願偏激。誠實溫和，是個理想主義者，生性浪漫，有自我犧牲的傾向，個性堅強、聰明、具有靈活而好質問的腦子，常有非凡的構想。

秤子們不喜歡爭執，所以容易贏得別人的好感，為了避免爭執和不愉快的事情發生，他們喜歡採取避重就輕的方法解決問題，而其最不好的缺點是優柔寡斷。「船到橋頭自然直」的觀念根深蒂固，因而遇到棘手的麻煩時，總是一拖再拖，甚至來個相應不理。

說到浪漫，沒人敵得過天秤。天秤座是十二星座中排名第一的戀愛高手，對天秤座來說，戀愛是一種享受，所以為了這種享受可以不惜花上金錢提升自己。

天秤座大都外形高雅、擅長交際，個性平易近人、注重羅曼蒂克的浪漫情調，具有迷人的性格特徵，對和諧而愉快的生活環境十分珍惜。

天秤男好像具備天生的浪漫因子，就是與異性隨地而坐談天說地也能吸引異性的芳心。天秤座人有張擅長社交的嘴，很會說些使對方感到愉快的話，所以在結交朋友方面毫不費力。他們擁有如天秤般極富協調的手腕，因此有他們在的地方總是非常和諧。

天秤終身追求心的歸屬，一個永遠的避風港。不過，在追求的過程中，他們容易把簡單的事翻過來調過去的看，結果越看越雜亂，常常使人有忽冷忽熱，難以捉摸之感。所以若是想得到秤子的愛，必須很耐心，不要被他們模稜兩可的態度嚇跑了。如果你確認這秤子適合你，就要耐心的和他周旋，切不可操之過急早早表態，總有一天，秤子會發現已經不知不覺間落入你的柔情網中再也離不開你。

天蠍座

★過人的精力和耐力是你成功的本錢。

天蠍座是橫列於南地平線附近銀河的巨大星座，蠍兒們意志力堅強，具有崇高而精力充沛的人格是最顯著的特點。

天蠍座受到代表戰神的火星及象徵冥王之府的冥王星支配，是十二星座中本能與意志力最強的星座。無論目的地是哪裡，可以確定的是，這些天蠍的計劃之一就是夢想並付諸實施一次充滿狂熱的旅行。所以一次冒險，最好有更多的驚喜，來滿足天蠍們的渴望。

強調自我的蠍兒們很有理解力，他們樂於和那些走錯了路的陌生人交換一下意見，指點別人一下，以證明自己一貫擁有的洞察力。蠍兒們很有可能跨越半個地球去從事另類運動，越是困難就會覺得越有意思。

不用驚訝，因為他們過人的精力和耐力是其他星座所不能匹敵的！

蠍兒們總是精力充沛，做事有技巧，堅毅果斷，即使面對困難也不改變當初的夢想。

天蠍座的人，性情複雜，不善於表達感情，容易給人順從的錯覺，其實他們的內心是堅決而固執的。

同時，他們外表深沉內斂，沉默寡言，凡事都十分謹慎且深思熟慮，很能掌握事物本質，並且擁有聞一知十，理解力強、反應快的頭腦，不論經歷多少次失敗，蠍兒們都能勇敢的站起來鬥志滿滿，一旦踏穩了就不願意移動頑固的雙足。

人們敬佩他們過人的精力和堅忍不拔的意志力，因為要他們輕鬆享樂是不可能的。

蠍兒們是一個有計劃的人，耐心和毅力是完成任務的原動力。在一定時間他們可以預定可達到什麼目標並且認真踏實，很有恆心和毅力，從不憑感覺做事，而是實際去力行事情。

天蠍座人喜歡社會地位，這是他們人生追求的重要組成之一。而意志力超群的蠍兒們也常常能從最底層一步步爬上頂峰，最終呼風喚雨。

蠍兒們喜歡一個人做事，很少受別人左右，給人脾氣古怪的印象。做事較執著，且做事慢工出細活，做事

光明正大竭力樂於助人，這些優點也常常為蠍兒們贏得不少「人氣」。

天蠍座的男性是一個自我掌控力高、非常沉默的人，不過在他們的心中隱藏著激烈的感情。

他們擁有從平凡的外表根本無法想像的強烈自信和主張，危急之時，可以爆發出相當驚人的實力。

不過嫉妒心強，執念太深是他們的缺點。他們像一部功能齊全的個人電腦，孜孜不倦的活動，精力過人，成效驚人，不過創意一直是蠍子無法突破的瓶頸。

他們面對愛情，總是那麼愛憎分明，愛的時候癡情執著，不愛的時候轉身便走。對待事物總是極端處理，受不了「小奸小惡」的他們認為沒有毀滅哪有重生。然而他們的可愛之處，也在這「愛之欲其生，恨之欲其死」的情結中。

射手座

★探索未知的領域是你永恆的追求。

被稱為天界和下界之王的木星是射手座的守護星。射手具有統一這兩個世界的雙重性，既追求更多的朋友，也不滿足現狀而為探索未知世界勇往直前，是兼具智性和野性二者的人。

射手們追求真理，勇往直前，有顆智慧型的頭腦。最令人意想不到的是，他們竟也擅長解釋哲理方面的問題，對哲學及研究亦有異於常人的天才，而且言辭幽默，引人注目。

他們擁有直覺及未卜先知的天性，銳利的觀察力，經常探求未知世界的神祕知識，多為愛好運動者，有健美性感的體魄，容易博得異性的青睞。他們是超樂天派主義，為追求自由奔波不懈，最討厭被拘束，是豐富的創造天才，藝術和靈感的先知，這些優點促使射手總忍不住探索周圍未知世界的奧秘。

凡是射手幾乎都酷愛自由，好奇心驅使著他們總是不能靜下心來被傳統束縛。他們喜歡不被羈絆的灑脫

感，但是又懼怕不被群體接受而被孤立，射手們由於「突出」造成「被注視」的壓力，也害怕被別人的看法束縛了追求智慧和自由的手腳，這個矛盾很困擾他們。

射手們喜歡機智的交談以及感性和充滿希望的結論。如果你講起話來很富有哲學意味，射手座會很興奮，他們會非常認真與你討論生命的意義，而且很在乎是否有一個具體的結論。

如果你說的話題越新鮮，他們就越喜歡跟你交談，誰叫射手天生就有孩童般的好奇心呢！如果問題越有無限的可能性，越值得推敲，他們就越喜歡鑽研，而且還樂於跟別人爭論。

射手座一生可能只關心一件事，只要他們把這件事完全弄懂了，就覺得這一生無憾了。因為這樣，他們的想像力總是馳騁、探索未知世界是他們永遠都改不了的習慣。

不停提問、調查、質疑，要把一切事情都搞清楚，那就是射手們在旅行中想做的事情——「知道得越多越好！」他們喜歡社交，很容易就與遇到的人拉上關係。

射手們除了好奇、求知慾旺盛，還是天性樂觀積極的人。他們思想路線是直的，總認為今天是最美好的一天，回憶美好不如創造美好。

有時候心直口快的射手常常易得罪別人而不知，他們不太會說謊，非常愛笑。

他們冒險性強，領悟力強，又幽默好動，太好自由的射手們不易有固定的工作，因為他們總忍不住去探索外面從未接觸過的世界。雖然有不少射手座的人終生從事辦公室或工廠裡一成不變的工作，但是他們多半迫於形勢，而非心甘情願。

摩羯座

★踏實且天生的保守派。

生於寒冷時的摩羯座具有踏實和保守的個性。

土星支配個人的現實生活，其忍耐和磨練的表現，使摩羯們一旦確定目標，不管多麼困難都會踏實努力直到成功為止。摩羯座的人深思謹慎，冷靜而準確的判斷力，給人沉穩而嚴肅的印象。

摩羯人工作能力很強，是務實能幹的類型。他們的話雖不多，卻富有幽默感，有個冷靜且理智的頭腦，考慮現實，充滿雄心，認為自己憑藉努力總有一天能居於眾人之上。

他們有強烈的責任感和企圖心，時時鞭策自己努力實現理想，工作踏實忠誠。同時，他們忍耐力十足，即使背負重擔也不退縮的勇往直前，但是凡事都太過認真，乃至拘泥，而顯得過於剛強，冥頑不靈，是天生的保守派。摩羯「兼容並包」的博大可謂無人能敵，他們很容易接受不同的意見和不同個性的人，他們的包容性使人際關係順暢無阻。這也是緣起於摩羯的保守，因為

他們時刻小心翼翼的保護自己，不做不利於自己的事情。就算是自己的意見和別人不一樣，也不會太計較，務實的他們才不在乎別人贊不贊同自己，能不能實現自己的「宏圖大業」才是摩羯人最注重的。

摩羯座的人總是理性的知道自己在做什麼，他們的目標總是與實際緊密相連，務實保守的摩羯不喜歡風險「投資」，他們需要穩妥的成功機遇。

他們不喜歡風險，但是也不甘第二，很多摩羯座人都是從幼年期便立志做第一流人物，追求有意義的理想人生，使得他們充滿鬥志。摩羯座的人喜歡控制全局，因為他們保守實際，不希望出現一些不確定的因素引發失敗。善於獨力實現自己心中的夢想，可惜掌握權力是摩羯者無法成為一個超級領袖的障礙點。

他們確實很有領袖的實力與氣量，可惜他們又很懶得去日理萬機，天生保守傳統的他們尤其討厭周旋在權力鬥爭中。天性踏實工作的他們認為，為了理想，權力的桂冠不要也罷。

別跟摩羯們談什麼無聊的幻想，他們也不愛聽什麼

藉口。摩羯座人是一個認真執著,會朝著目標不停努力的勤奮人。不管遇到什麼困難,他們都會想盡辦法克服。另一方面,由於責任感很強,所以能得到周圍人們強烈的信賴。

他們的缺點是太過拚命,結果視野變得狹窄,氣度比較小。如果你是個浪漫主義的行動派,遇到摩羯這樣保守到家的慎重派,勉強自己配合他們的腳步行事,只會讓你們之間的鴻溝更深而已。

摩羯是一個不容易瘋狂和奮不顧身的人。當摩羯座為理想全身心投入時,你會覺得他們瘋狂;當他們愛上一個看起來不像是他們會愛的人,你也會說他們瘋了。但實際,摩羯座是個很不容易瘋狂的人。通常他們只做有把握的事,沒十成勝算,也要有八成才肯放手一搏。他們不過是常把一件事做得像是很瘋狂的樣子罷了。

他們不好賭,但也會小賭。如果你看他們正在賭,那你最好閃遠一點,因為他們可能是百分之百的贏家。

水瓶座

★最有個性的獨立派，具潛質的革新派。

在寒中帶春的季節降臨，是具有冷靜智性和溫暖感情的人，冷靜守護星為天王星。它是天空的神星而代表著不受任何束縛的自由智慧。因此水瓶座人具有自由的思想，以及創造美感的才能，是個性獨立且最具潛質的革新派。

水瓶兒是一個理智而頭腦優秀、懂得用冷靜的眼光來判斷事物的人。他們個性獨立，不隨波逐流，總是有著自己的獨特想法；崇尚自由，充滿人道精神、興趣廣泛、創意十足；樂於發掘真相，有前瞻性的思維；擁有理性的智慧並堅持獨立；不怕變革帶來的風險，還常憑敏銳的推理力和華麗的言辭來吸引人、說服人。他們思想獨特，個性獨立，會有很多與眾不同的念頭，很可能因為固守自我主張，而被週遭的人當成怪人。

水瓶們是懷抱自由的理想主義者，有許多閃耀如詩般的才華，在文學與美術方面，可以盡情發揮。由於處事過於明快乾脆，亦留下愛出風頭甚至自以為是的感

覺，只有懂得欣賞他們的人，才能成為水瓶座的好朋友。因為，他們並不在意花太多時間在與人打交道上，但是一般總會有讀懂他們獨特個性的知己。

水瓶們的最大特色是討厭束縛、追求自由，他們崇尚獨立自主到不惜犧牲一切來換取的地步，而且因為他們崇尚自由的精神，所以對他人的自由也頗為尊重，是友善的個人主義。對水瓶們而言，地位、名譽、財富都是束縛自己的鏈子，連結婚也是一種束縛。

水瓶們具有快捷的行動；求新的思想；天生富有的創意；新奇的點子，具有科學家的特質，善於將新奇的見解表現在藝術或是科學研究當中。由於他們特別喜歡創新和出奇招，是很有個性的革新家。

遲到通常是水瓶們的一個毛病，叛逆則是他們內在的人格特質。由於相當在意自己要保持獨一無二的特質，以至於水瓶們時常因為表現得太睿智、太獨立、太鋒芒畢露，或者太關注在整體的世界而忘了把關心投注在自己最親近的人身上，這樣也會使身邊的人感到無形的壓迫感。

天生不喜歡一成不變的生活，水瓶們需要富有創意或是能夠使自己長進的工作，他們對一成不變的例行公事很快就會感到厭倦，而且對改革求新總有一套自己的想法。然而這群最具潛質的革新家們卻不適合獨立工作，他們適合在團體中無壓力的狀態下，展現自己絕佳的創造力和智慧。

水瓶們喜歡柏拉圖式的無負擔的愛情，雖以像朋友又像情人的超信賴關係結合的二人，卻希望不要互相束縛，彼此建立一種獨立無負擔關係。

深厭束縛的天性使得水瓶們縱使在婚姻中仍需維持某種程度的獨立自主，不要試圖干涉他們的生活，給瓶子獨立的空間，才能維繫良好的感情。因為讓瓶子感到受困確實是不明智的，他們會力求脫困。如果你對水瓶們綁得愈緊，那麼他跑得愈快，最好的做法就像如來佛對孫悟空一般，讓他感覺海闊天空，而實際上他仍在你掌握之中。

雙魚座

★最靈敏的環境感應器！

雙魚座的守護星是海王星，具有大海般的擁抱力的雙魚座人，心地善良待人親切，尤具博愛心，頗有高超的藝術才能，也是具有敏銳直覺感的人。魚兒們如同春光般純真、充滿希望，敏感而富有知覺力，是最靈敏的環境感應器。

雙魚座的人是一個感受性強、性情溫柔的浪漫派。他們會為了別人而掉淚，同時為了能全心全意付出而感到欣喜不已。心思單純又誠實，所以可能常被騙。

另外，他們身上還有足以激發他人母性本能、愛撒嬌的一面。因為他們的溫柔個性，所以不會直接表現出心中的感情。而他們也可能被你直來直往、毫不修飾的言語所傷害。如果你希望跟他們天長地久，首先要注意的就是你的說話方式，因為天性敏感的他們對隻言片語也會難以忘懷、揣摩良久。

魚兒們在所有星座中是最容易受到外界的影響的，他們生性敏感、思想脫俗但不切實際，常有逃避現實的

傾向。

從表面上看，雙魚座的人內向而羞怯，然而內心常常是複雜而矛盾的，同時存在著善與惡，精神與物質等對立的掙扎。很多事情他們其實早已敏銳的感覺到了，只是並未表現出來。

魚兒們雖然有豐富的想像力，相對的也容易不切實際的做白日夢，幻想著白馬王子（白雪公主）的出現，而忽略了現實生活中的緣分。

魚兒們的細心與體貼，表現在他們關愛不幸者的時候最令人難忘。他們傾聽你的苦惱，即使發現你的苦惱有漏洞，也不會故意用話來刺激你。

魚兒們有豐富的同情心，能夠以細心的看護、祈禱或是冥思的方式療護朋友心靈的創傷，但總缺乏面對現實的勇氣。

他們天生善解人意、坦誠而迷人，能夠讓朋友有充分溫情的感受。魚兒們的多情與水瓶座的人博愛程度不相上下，在一般世俗的眼光看來，或許會被譏為濫情，但事實上他們對朋友的關懷和義氣，卻是目前世態炎涼

的社會難能可貴的。

極度浪漫的魚座無法忍受機械化的生活方式，嚴肅的紀律和一成不變的例行公事，正好和他們羅曼蒂克的天性相背而行。

雙魚座人常常是身在此山望向他山，總認為在另一個地方一定有更好玩的事情發生，總是毫無目標的由一件事情游移到另一件事情，從這個目標轉移到另一個目標，很容易厭倦，所以魚兒們要學習專心致志才行。

感情豐富、心地仁慈、善解人意的魚兒們人緣一般很好，但是也因為幻想太多、多愁善感而變得感情用事、缺乏理智。說到好好先生或好好小姐，就會忍不住想到魚兒們，因為他們心思實在太細膩了，就像一個敏銳的感應器，隨時能發現對方的不幸和難處，隨時準備為別人出力解圍。

星座&血型
密碼完全大破解

第三章

不同屬性星座，不同**彆扭脾氣**。

共處蒼穹下，怎樣才和諧？

你已經知道，十二星座有著迥然不同的個性和氣質，不同星座的人都有著自己獨特的彆扭脾氣。你還在為如何成為十二星座的他（她）的知心好友而苦惱嗎？你還在為如何贏得星座戀人的愛而寢食難安嗎？與十二星座人共處蒼穹下，應該注意哪些問題，才能獲得和諧自然人際關係呢？本章將解密十二星座的相處之道，快快拿出紙筆，為身邊的星座朋友記記「筆記」吧！

★與**白羊座**相處，其實並不困難！

羊兒們總是熱情滿滿，白羊座人活潑好動，總是一副高高興興的模樣，你是否正為如何跟羊兒們拉近距離而苦惱呢？其實，與白羊座人相處，並不困難，關鍵是要瞭解羊兒們的天性特點，投其所好，就能讓羊兒們親近你，一起擦出美麗的火花！

和白羊座人相處，新鮮感是最重要的。羊兒們天性好玩好動，對那些有趣新奇的事物，總顯得比旁人多幾分熱情，他們對一切有「新意」的東西充滿好奇和好感。所以，要博得羊兒們的好感，首先就要學會給羊兒的生活帶來新鮮感。跟羊兒們多講些新鮮的事情，有趣的故事，也可以試著多講點羊兒們沒聽過的玩笑，都能讓他們對你「另眼相看」。

追求白羊座女孩，用新鮮特別的約會方法代替古板傳統的求愛方式會更容易俘獲白羊女的心。好動快樂的白羊座最喜歡聆聽有趣新鮮的事情，多給羊兒們一些新鮮刺激的玩意兒，會讓他們在生活上、打扮上、社交圈子上找更多的新方向，連性生活都應該來點新花樣。

　　與白羊座的人交朋友，保持新鮮感很重要，但是也要隨心隨性，千萬可別因為「圖新鮮」而矯揉造作，弄得羊兒們不自在反而會適得其反。

　　羊兒們都是天真、好冒險的人，一有什麼新鮮的事物，必然會被吸引過去，對異性的態度也一樣。如果在交往的過程中，能瞭解對方的心態，相處時不去計較得失，自然隨自己的心意向對方表白，那麼一定可以把事情解決。就算不幸有第三者介入你們之間，保持這種態度不但可以維持彼此的親密關係，適當時，羊兒也會重回到你身邊。

　　精力無窮以及強烈的競爭性格是白羊座最鮮明的特色。和白羊座的人相處，一定要記得給羊兒一定的主導權。白羊座的人不是那種會容忍著對方的順從型性格，如果你沒認識到這一點，就很可能引起白羊的反感。和白羊鬥嘴爭論，羊兒不會讓著你，因為天生精力旺盛喜歡爭強好勝的白羊座人習慣了把「主導控制」權握在手裡。記住，白羊需要主導權，誰也不讓誰，能不吵架嗎？交往時懂得給白羊一些「甜頭」，哪怕是扮成尊重

他們，順從他們，不和他們爭持到底，也可以讓你和羊兒們的關係逐漸拉近。和白羊座戀人相處更是要注意這一點，總是充滿自由氣息的白羊座人可不想被別人控制束縛，不管白羊對你多麼用情至深，你可千萬別在主導權上跟他們爭「地盤」，試著「遷就」一下你的白羊戀人，羊兒會更加堅定對你的愛。漸漸的會發現，你也變得陽光自信、活潑熱情起來，而與羊兒們的相處，也變得越來越簡單，越來越妙不可言！

★十個技巧，快速博得**牛牛**好感！

金牛座人生性耿直、溫和善良，金錢觀念強，他們不是能說善道的人，但卻是工作踏實勤奮，屬於那種默默無聞的一類人。牛牛固執倔強的個性是否曾經讓你十分困擾？你是否正為如何跟這群倔強的金牛座人打好關係而發愁？下面給你十個技巧，讓你能快速博得牛牛的好感，贏得你們之間關係的有效「破冰」！

☆學會讓步

金牛座的牛脾氣可是出了名的，牛兒固執倔強沒人

能拗得過他。有時對方的牛脾氣確會令你不愉快，回心一想，你也何嘗不是？所以不妨放下一點固執，退一步海闊天空。

☆試著主動

金牛是蠻浪漫的一個星座，卻由於比較沉默，與人交往的時候往往需要別人主動。對於喜歡的人也說不出什麼甜言蜜語來，只能為對方默默付出，希望對方能夠瞭解他們的心意。所以你要懂得觀察金牛座，他們的示愛方法都很含蓄，當你發現有一點眉目了，不妨也做一些回應，主動一點。

☆軟性攻擊

讓他們有信心將自己想說的話表達出來，金牛座是需要被別人啟發的人。

☆共同學習

金牛座有與生俱來的藝術氣息，對於和藝術或美有關的事物，他們都很感興趣，你不妨找機會邀他們一起選一項和藝術相關的課程，在共同學習的過程中，不但可以和金牛座一起培養美的觀察力和鑑賞力，還可以多

瞭解彼此、增進兩個人之間的感情,而且會讓牛牛對你產生依賴和信任感。

☆關於錢的問題

不管感情有多好,金牛座對於金錢還是算得一清二楚。他們不是小氣鬼,只是認為就算「親兄弟也要明算帳」。千萬不要叫金牛座的情人買東西給你,最好也不要向他們借錢,因為這麼做,只會顯出你的虛榮和他們的吝嗇。而且,如果你讓他們覺得你是一個很重視物質生活的人,譬如喜歡去高級餐廳、標準名牌主義者⋯⋯這些都是嚴重破壞牛牛節儉美德的做法。

☆要多鼓勵牛牛

金牛座缺乏安全感,會一個人悶在一旁胡思亂想,如果你能經常說一些鼓勵的話,對於討好金牛座來說是一種不錯的方法。時常稱讚牛牛,表現出對牛的欽佩,一定能博得牛牛的好感。

☆放鬆坦白

牛牛們其實都有強烈的佔有慾,敏感、嫉妒心重,一點點風吹草動,都會捕風捉影耿耿於懷,不懂得釋放

自己內心的壓抑，日積月累總會爆發。因此要防患於未然，要嘗試看開一點，有事就坦白一點不要猜忌。

☆戀愛，要樸實而舒服

在牛牛心裡，戀愛應該是一件浪漫又舒服的事情，不必花大腦思考，自然而然。兩個人平實的生活著，就是一種最大的幸福，所以你千萬不能要求他們玩什麼新鮮的花樣，因為牛牛們絕對沒有這方面的慧根。

☆不要催促牛牛

金牛座是一個慢動作的人，連思考的速度也很慢，一件事如果沒讓牛牛把前因後果想個清楚明白，他們會不知道怎麼走下一步，這時候如果一直催促他們，他們因為不知所措而變得很煩躁，再加上緊張的情緒，很可能會開始耍牛脾氣。

☆軟性攻勢

向金牛施壓時千萬不可把他們逼到牆角，壓力太大他們是會反抗的。要出軟招，把他們安撫得頭頭是道，牛牛會樂於受你指揮。

★與**雙子座**相處的十個建議！

雙子座聰明善變，如風一般讓人摸不著頭腦。有著「兩個腦袋」、多重性格的雙子座，給人們的印象是時而開心；時而低沉；時而興致盎然；時而了無生氣。這麼善變的雙子座，要如何才能好好相處呢？這裡有十個建議，你不妨一試！

☆和雙子相處，你要學會放心

對待雙子座，你只要明白一點——你是無法掌握雙子座的。雙子在想什麼，他們下一步要做什麼，你總是無法得知。與其猜忌，不如放開心情，信任他們，由他們自由發展。

☆放手，給雙子一片自由的晴空

雙子愛自由，他們隨時可以轉身走人。也因為這樣，你千萬不要給他們太多束縛和壓力，試試放鬆點，不要對雙子座太多要求，不要試著改變雙子座人，給他們多點自由。

☆學會容忍

要試著容忍雙子善變的情緒、多變貪新鮮的人際

觀，對雙子座人你要放下敏感的心。如果你愛上雙子座，必須要容忍，別輕易吃醋，要在心裡想著：「他玩厭就會回家了！沒事的。」

☆學習的心態

雙子是聰慧愛學習的星座，雙子靈動的腦袋在時刻探索著世界的奧秘，在相處過程中要在雙子身上找到自己沒有的優點，得到很多新的信息情報，對你的事業發展和知識豐富很有幫助。

☆適可而止

不要試著在雙子座身上發揮你的「母愛」和「愛心」。太囉嗦，太嘮叨都會削減雙子的自由讓他們受不了。學會適可而止，讓雙子座人在感受到你的友愛和呵護的同時，又不會對你感到厭惡。

☆採用雙重標準

和雙子座相處，你得學會用雙重標準來考慮問題。經常說一套做一套、適應能力極強的雙子，可以在不同的環境改變自己的思想行為，你如果不會用雙重標準來理解雙子座，就會陷入困惑之中。

☆學會理財

雙子座很沒理財觀念，如果兩人都不會理財，當要共同生活而無計劃的理財觀念，長期下來絕對會出問題的。和雙子座在一起，你要學會理財，別指望他們會計算成本利潤得失。如果實在不懂，不妨建一個共同儲蓄金，一人一半，有事也不用擔心。

☆懂得順其自然

不要刻意去討好雙子座，你越做越顯得故意，他們就會更加覺得你有問題，反而順其自然會好得多。而且有時太遷就雙子，反而令他們不舒服。

☆保持距離

雙子愛自由，也喜歡新鮮和交際，見得太多只會因新鮮感減少而出事，所以不妨保持一定距離。就算情侶也可以適當保持距離，不要老膩在一起，最好選擇自由彈性大點的同居生活，這樣你的朋友和他的朋友就都可以隨心所欲的活動了。

☆用驚喜打動雙子座人

雙子座能言善道，聰明幽默，喜歡豐富多變的生

活，智性的刺激尤能令雙子整個人活躍起來。雙子座不僅喜歡接到意外的驚喜，自身也是獨到的驚喜發明家。用驚喜打動雙子們，在情人節幫雙子座的另一半準備一份獨特的surprise，或者出差回家給他（她）一份溫馨動人的小禮物，都能讓雙子座的他（她）對你更加眷戀。

★要與**巨蟹座**成為朋友，就得接受他的保護！

十二星座中最具有母性和保護慾的星座便是巨蟹座了。與巨蟹座人交朋友，你首先就得接受螃蟹的無微不至的照顧和保護。

蟹兒們善良熱心，富有同情心，而且敏感的他們很容易瞭解到朋友的困窘，如果需要，蟹兒們會整裝待發，為保護朋友而和敵人進行攻擊性對峙。如果蟹兒們的朋友是那種弱小又經常受欺負的人，那無疑會激起蟹兒強大的保護欲和鬥爭心，他們會不顧一切擔負起照顧弱小的「大哥哥」或者「大姐姐」角色。

如果你是受不了嘮叨和照顧的人，和巨蟹座交往的時候可要克制自己的不耐煩，因為你如果不接受蟹兒的照顧和保護，就等於不接受他們的真情實意，蟹兒們會因此憎恨你。如果是陷入愛河的蟹兒，就更會顯示出對所愛之人的體貼入微的關心，如果這個人拒絕蟹兒的關懷和保護，那他就會鬱鬱寡歡，好像受了被拋棄的失戀之苦那樣一蹶不振。

所以，不要輕易對蟹兒的關愛搖頭，別怕他們受累麻煩，因為他們最大的樂趣就是照看好他們所愛的人和他們的親人。

如果你對這隻蟹也有好感，就放心接受他的照顧和保護吧，別覺得過意不去，因為你的過意不去和推辭拒絕，會大大傷了他們的心，最終讓你們的關係成為「無言的結局」。

蟹兒們的家庭觀念很強，十分重視家的溫暖和安定，和諧的家庭生活是巨蟹座追求的目標。

戀愛中的蟹兒們，總是會忍不住繪製未來幾年甚至幾十年的家庭生活圖景。生幾個孩子，臥室裡放什麼裝

飾品，廚房的廚具用品都可能都會成為他們的話題。愛這隻蟹兒後，就別說「以後的事情還不知道呢」，也別順口說出「我們以後可能不會結婚」這種大大傷害蟹兒心的話，他們很可能就因此低落很久，以為你不是真想跟他們在一起生活，不是真的愛他們，甚至有時候也會讓他們棄你而去，另尋新歡。

和蟹兒們相處，別不好意思，別怕這隻蟹麻煩。接受他對你的關心和照顧，真誠的感謝他為你所做的一切，並且在必要的時候給他們回報，這樣蟹兒才不會離你遠去。

★獅子最愛的，不是肉，而是讚美！

你身邊總不乏這些驕傲熱情、霸道而又充滿魅力的獅子們，他們總流露出一股傲氣，並且極富上司天賦和激情，能幹負責。然而你是否知道，獅子最愛的不是肉，而是讚美。和獅子們相處，讚美比什麼都重要。

獅子座人很自信，同時也期待獲得眾人的喝彩，渴望綻放令人艷羨的光彩。獅子們是很要面子的，正是因

為愛面子，使得他們聽不得那些「實話」，愛聽那些對他們大唱讚歌的讚美之詞。

有時你會看到獅子們在生活上某些關於面子的問題上「死撐」，明明是他們自己有問題，但是卻依然要堅持，不為什麼，只是為了爭點面子。所以你不妨用「見風使舵」的軟性攻勢，說一些溢美之詞，給他們一個台階下，這樣就會使獅子高興，關係和諧，而反過來，愛面子的獅子則會用另外的方法答謝你。

唱讚美頌也是需要技巧的，不能像阿諛奉承的人那樣隨隨便便的讚美誇讚。太過誇張的讚美會顯得不夠真誠，太唐突勉強的表揚則讓人感覺不舒服。

稱讚獅子的時候，要抓住那隻獅子的日常習慣和興趣。比如這隻獅子很喜歡滑雪，卻很討厭游泳，那麼你就不能說會游泳的人很厲害，而應當在恰當的時機表現自己對滑雪愛好者的喜愛之情，並且適當加上一句：「我覺得會滑雪的人好厲害。」這類帶有崇拜感情色彩的讚美絕對能讓獅子們心花怒放。這樣，你們之間既因多了共同話題而拉近了溝通距離，又博得了獅子的好

感。

記住，常常給獅子真誠的讚美，甚至可以用幾個隱含讚美的句子跟獅子打招呼，比如「這身衣服真帥！」，「一聽到這洪亮的聲音就知道你來了」……小小一句讚美的話，就足以讓獅子容光煥發了。對待你的獅子座男友，也要時刻給他唱讚美頌，這些讚美的話甚至比撒嬌更有用。

無論獅子座怎樣暴躁，怎樣專利，只要你講幾句話稱讚他們，什麼火都可以滅了。

獅子座的男性好面子，愛充當英雄，希望自己的女人依靠他而不是依靠別人。在二人世界裡，獅子男為女友可以做盡溫柔的事，但在一大堆朋友面前，一定要給他足夠的面子對他百依百順，讓他扮演英雄和男子漢的角色。與獅子座的人合作時，在角色分配方面也要注意，多給獅子座一點權威性，會更滿足他們較強的責任感和事業心。

其實獅子座是外表緊張，內心脆弱的物種。獅子座的女孩外表張揚熱情，但內心其實是特別感性的，她們

不僅僅需要讚美，更需要深層次的欣賞和理解。

對待獅子座的她，你可以給多她一點關心的感覺，使她對你有一種寄托。當獅子女換髮型或者穿上新裝時，一定別忘了誇讚幾句，不要當做沒看見，你的忽視可能會引起獅子的不滿哦。

而且作為獅子座女孩的另一半，更應該深諳讚美之道，討得獅子座女孩的歡心。

記住，獅子座的她，個性是大而化之的，突然扮起溫柔俏佳人的模樣，絕對是因為了得到男友的稱讚！

★與**處女座**交往的 8 個禁忌！

處女座是完美主義者的代表，完美、挑剔、潔癖、深沉是處女座人的代名詞。還在為如何跟處女座人相處發愁的你，趕快來看看與處女座朋友交往的禁忌有哪些吧！

☆不要開空頭支票

如果沒有百分之兩百的把握，奉勸你還是少做承諾吧。空頭支票的殺傷力，有時比無能為力更糟更大。做

不到的事就別逞強，因為處女座的人最看重誓約。

☆不要逢場作戲、虛情假意

處女座的人對感情是相當認真的，是十足的完美主義者，精神潔癖的最高峰。信用和莊重這兩件事，是讓處女座情人愛上你的主要原因。他們最不喜歡逢場作戲，儘管處女座的情人自己也有到處放電的習慣，但是他們不允許心愛的人這麼做。

☆忌玩火自焚，移情別戀

如果你的感情摻了雜質，或者是虛假的不真實的，完全是為了逢場作戲才招惹處女座，奉勸你趕快回頭，因為處女座的人都是有些記仇的，搞不好過段時間就剛好逮到你的把柄讓你「啞巴吃黃連，有苦說不出」！

☆切忌欺騙

千萬不要想去欺騙處女座的人，一次不忠，百次不赦，會造成你們之間永遠無法修補的裂痕。一句話，他們是崇尚靈魂的動物，心靈的純淨有時候會比其他東西更重要。欺騙處女座人，只會讓他們覺得你這個人思想骯髒而躲得遠遠的。

☆不要刻意去猜處女座人的想法

如果刻意去猜處女座人在想什麼的話，有精神潔癖的他們會很反感，因為他們不想被別人知道在想什麼。處女座人心中總有一個地方，別人是沒有辦法進入其中的。如果你不小心猜中了他們的想法，也最好別說出來，因為處女座人討厭內心祕密被窺探的感覺，他們會討厭你，而不是欽佩你的「讀心術」！

☆不要嘗試和處女座人「爭」出高下

當自己與他發生矛盾時，記住：在處女座人承認錯誤之前，永遠是自己錯了。千萬別和處女座爭論，除非你的頭腦和口才都很不錯。否則只會被他們「鐵面無私」的找出的 N 條理由給嚇壞，他們的嚴密辯論就算沒能讓你投降，也會用不屑和冷淡將你的熱情笑容沖走。然後毫無疑問，接下來好長一段時間，這位處女座的「辯友」見到你必定是視若無人繞道而行。

☆忌自以為是，缺少內涵

處女座人具有強烈的分析力和充滿智慧的頭腦，多半是知識型人才。對知性的偏執，使得處女座的人打心

眼裡便認定：智慧是人生幸福的鑰匙。如果你不懂什麼，最好就不要在處女座人面前誇誇其談、自以為是，這會讓他們很討厭。

☆別忘了處女座的人可是有潔癖的

特別是處女座女性，是非常注重整潔的。處女座女孩特別討厭不乾淨的男性，哪怕是沒有經常打理的鬍鬚都會讓這群完美主義者心有不悅。處女座對人對事對自己都是一樣的標準，那就是起碼的乾淨和整潔。和處女座相處若想獲得「通行證」，就得從頭髮到腳跟滿足他們的高標準。

★與**天秤座**和諧共存的密碼！

浪漫的天秤座很愛說話，總是口若懸河的天秤座似乎能跟所有人聊得開心愉快，擔任著人與人之間溝通的橋樑。但是要和秤子真正打成一片，和諧相處卻好像並不那麼容易。其實，只要你願意掌握和他們溝通的神奇密碼就會容易很多。

天秤座不是那麼有心機的人，他們討厭互相猜測，

複雜的關係會讓天秤座頭昏腦花，所以凡事簡單一點，別總是故意說反話，口是心非，別把事情複雜化，比如為什麼沒給我打電話？，為什麼沒給我發簡訊？為什麼突然又不高興？為什麼昨天還有說有笑今天就話少了？⋯⋯敏感的分析到每一個細節，失去安全感只會得不到天秤座的安全感。和秤子相處不要太複雜，要保持一顆簡單而且豁達的心，自由而輕鬆的相處，是秤子最喜歡的方式。

天秤座的人容易猶疑不決、反覆不定、沒有主見。有時要用溫柔的方法打動他們，千萬不要固執強橫的逼他們就範，因為他們心中自有一把尺、一套大道理，而且沒有人能扳得動天秤心裡那把尺。與其用嚴厲的批評和爭論來解決問題，而讓天秤座人內心那把尺搖擺不定，還不如用婉轉的方法來說服他，軟性攻擊反而會使天秤考慮你的想法。

運用共同興趣的魔力，讓天秤座人和你成為無話不談的朋友。有一個共同的興趣就有了共同的話題，彼此間拉近了距離、增進了感情，而且還多了一起共同相處

的機會。不管男女老少，只要天秤願意，都能跟你打成
一片。

然而要真正成為天秤座的知心朋友或者親密友人，
就需要循序漸進，過分的親密會讓天秤座人無所適從，
操之過急的知己關係會讓秤子很有壓力。天秤座人喜歡
一步一步的逐漸「升溫」，如果想追求天秤座的異性，
這一點更是顯得尤為重要，讓雙方對彼此都多一些瞭
解，不要一下揭開所有的底牌。

天秤們是很浪漫的理想主義者，如果多一些行動，
在日常生活中多給他們一些關懷和驚喜，天秤座的人一
定很開心。例如，有機會就給對方一些小驚喜，一些不
貴的小禮物，又或者是吃一頓特別的晚飯，不管是天秤
友人還是戀人，這些保證幫你加分！天秤座的戀人總讓
另一半有點神經緊張，然而強迫天秤座的他（她）依賴
你或者讓你依靠都不能讓天秤開心。

對待天秤座的男友，不要糾纏在他愛不愛妳、會不
會永遠愛妳這個問題上，問多了會讓天秤男有種被壓抑
的無奈感。試著把目光放在自己身上，讓自己變得更完

美，跟他心平氣和、開心愉快的談天說地，天秤男就會放下自己尋覓的腳步，更加珍視妳的存在。

天秤座的女友總是那麼浪漫熱情喜歡說話，作為男友的你，就不要亂吃醋亂生氣，不要擔心她又被別的男生迷住了，記住天秤座的女孩一旦認定了你這個心的「歸屬地」，就不會再輕易改變了，只要你多給她一點自由的空間，不要老是神經緊張，天秤女會愛你更多。

★怎樣才能成為**天蠍座**知心好友！

天蠍座的人是自負而又有些敏感的，凡事都有些自己的原則和想法，在情感方面的選擇要求自然也就比較高。蠍兒們一般都會想找個志同道合，在價值觀上能夠相互認同的知心好友。那麼，怎樣才能成為蠍兒們的知心好友呢？其實與蠍兒們交往並不是很難，做好朋友也是不難的，只要你一如既往的真誠對待他們，別總藏著什麼，你會發現其實他們很容易相處。

前面提到，天蠍座喜歡與自己志同道合的人，所以你一定要具備能夠打動他們的魅力和能力，內在和外在

的都很重要，在此基礎上思想和精神上的一致和默契也很關鍵。而且第一印象在天蠍腦中是很難抹去的，比如，如果他是一個講禮貌的人，而你大咧咧覺得一家人無所謂禮貌，他會感到與你很難相處。

如果你希望與蠍兒們成為朋友或戀人，首先要做的是「主動出擊」，你想站在原地等他們過來和你親近，幾率一般都很小，如果有，可能是他們有什麼其他動機。不僅剛開始是這樣，維持友好關係的繼續依然要靠你主動打電話給他們、主動創造機會見面、主動向他們報告你的情況，在你持續不斷的努力下，他們就會把你看成是親近的朋友了。

天蠍座並不是喜歡隱藏祕密，事實上，蠍兒們會經常向密友透露他們的祕密。所以如果他們信任你，你一定不要背叛他們的這種信任，這是和天蠍座深交的必要前提。

和蠍子們熟識了之後，你會發現他們有很脆弱的一面，他們內心裡很怕孤獨，也害怕被孤立。天蠍座的人總是把自己藏得很深，其實是害怕被傷害，如果你能靜

下心來感受到他們的不安，你就能夠明白他們為何有時會有些近乎於瘋狂的舉動。

同時，不要和蠍子們靠得太近，不同性格的人，距離走得過近總會傷害彼此。而且你要當心有一天你得罪蠍子的時候，他們銳利的目光、犀利的話語對你的傷害可能是最深的。不要因為是知己就打聽他們的所有祕密，適當的保持距離，會讓蠍兒們覺得你也是一個富有神祕感的人，他們會更喜歡你。

對於親密的同性朋友，你絕對不要奢望天蠍座朋友會把你看得比他們的另一半更重要。因為蠍兒們一致認為：愛情是他們生命中最不可缺少的東西，天蠍女尤其如此。當她們的真命天子（不管在你看來那個人是多麼差，多麼不配她）出現時，你唯一能做的是：馬上消失。當她們的愛情出現波動的時候，這才是她們最需要你的時候。所以，在和他們的友誼中，一定要知道自己的位置，不要把自己在蠍子心中的份量想得太高。就算他們一開始覺得你是一尊神，但是如果你在這方面和他們觀念相左，或者你不留神間說出的話刺激他們的神

經，你在他們心中的地位就會馬上大大降低。

　　蠍兒們的忍耐心通常比較差，問題老解決不了就會很暴躁，甚至由於逆反心理而爆發。所以這方面，你最好要謹記，注意相處的藝術，不要輕易讓天蠍憤怒，蠍子一旦發作是很可怕的。遇到矛盾和麻煩，你要能夠適當體諒，採取最佳策略。在大家都冷靜下來的時候，真誠的溝通是解決問題最有效的方法。

　　★要與 **射手座** 共存，你需注意？

　　射手座是個熱情、熱愛生命的樂天主義者，射手的率直、天真的性格使其廣受歡迎。那麼和愛好自由、喜歡探索的射手座相處，你要注意哪些問題呢？

　　首先，你要明白射手座的人是非常坦率的人，有時候甚至誠實得可怕。和射手座在一起，他們絕對不喜歡拐彎抹角的含蓄委婉，他們什麼都會告訴你，只怕你受不了他們這種不理別人感受的坦白。

　　射手們討厭沒有自由空間，也不喜歡別人用不信任的口吻對他們問東問西，然而當射手問別人問題的時

候，有所保留的答案卻最讓他們反感。所以，和他們談話要直率一點不要拐彎抹角，因為他們是不會耐心聽你兜圈子的。

射手們看事情會比較長遠，如果你只和他們討論目前問題，他們會覺得你膚淺。他們外向、健談、喜歡新的經驗與嘗試，尤其是運動及旅行，對未來總是抱著哲學式的樂觀。所以和射手們交往，你要有點想像力，注意不要老把視線放在目前，注意培養一下自己的長遠戰略思維。

射手們喜歡自由和無拘無束的生活，在時刻追求讓自己滿意的生活環境和自由空間。他們討厭和忸怩放不開的人談話，也最受不了迂迴不自然的溝通方式。擺臭架子、自以為是，大小姐或者少爺脾氣只會加速他們避開的步伐。還要注意不能和射手們正面衝突，你越強勢，他們越不願和你溝通，有時候你的忍氣吞聲顯得弱勢一點，他們反而會憐惜。

射手們是愛玩愛探索的星座，思想常常天馬行空，很難專注。哪裡有好吃的、好玩的、好看的，射手們都

會是最佳的報馬仔。和射手座相處，如果你呆板無趣，他們也可能會敬而遠之，所以，平時也多多留意好玩的的方和話題，這樣才能和他們暢所欲言。

與射手座的人在一起時，記住不管對方是多麼要好的朋友，或者是多麼愛你的戀人，都不要觸碰到射手的「心靈禁區」。對於他（她）們的忌諱，譬如曾經的傷痛，失戀的傷疤，失敗的陰影等一系列禁區，千萬不能「鐵齒」和深究，否則會讓射手翻臉不認人。

射手座的人不論男女，都屬於那種追得越緊跑得越快的人。射手座的情人，不受任何人控制，鑽戒、婚約、恐嚇都沒用。除非他們心甘情願，不然你就是綁也不能留住射手座人的心。

射手座的情人很奇怪，如果讓他們來喜歡你，他們會不惜一切的追求你、倒貼你，就算你不找他們，他們也甘心黏在你身邊。追求射手座情人，注意使用一些「欲擒故縱」的技巧方能捉住他們多變的心，而只知道犧牲付出的行為，反而對射手座誘惑不大。

射手們很重視朋友，作為射手座的另一半，你必須

有愛屋及烏的精神，要能夠接受射手們的眾家朋友們，否則實在很難有什麼交集。當你覺得兩個人好不容易有獨自相處的機會，正在幻想著你和射手座情人牽著小手到公園散步，或是兩個人一起去看電影的美夢時，射手們可能會興高采烈的跟你説：「等一下還有人要和我們一起去玩！」所以，不妨多在射手座的朋友身上下一點工夫，想盡辦法和射手座的朋友混熟，這保證是一件好處多多的事情。

★與**摩羯座**融洽相處的 5 條心得！

踏實保守的摩羯是工作認真的代表，摩羯座深思謹慎，冷靜而準確的判斷力，總給人沉穩而嚴肅的印象。然而摩羯們並不是很難接觸和相處的星座，和他們融洽相處還是很容易的。以下為和摩羯們和諧共處的五則心得，希望能對大家有所幫助。

☆發揮自己的主動性和積極性

摩羯們是務實能幹的工作狂，他們總是理性的知道自己在幹什麼，就算遇到困難也很認真，充滿鬥志的摩

羯座立志追求有意義有價值的人生。所以與摩羯相處一定要有積極性，特別是在事業上，暫時的低潮沒有關係，重要的是要有一顆積極進取的心。如果你的想法跟摩羯一致，摩羯座人就覺得你是個值得長久相處的朋友，對你也更加親密信任。此外，摩羯很難在主動與人溝通中表現熱情，摩羯們需要你的主動和積極幫他們除去沉悶的面具。

☆輕鬆愉快的溝通

有些人個性較衝動，很容易因為摩羯一時的冷淡而說出一些傷人無情的話，但事後又後悔，想要收回時卻發現摩羯已經徹底冷漠。這是很需要注意的，摩羯的自尊心很強，心思也很敏感，很在別人對自己的看法。如果你輕易的出口傷人，摩羯就會很受傷，而摩羯的傷口又是需要很長的時間來癒合，並且即使現在傷口癒合，在以後的日子裡仍會不時的想起。所謂說者無心，聽者有意，說重要敏感的話之前，請三思而後行。摩羯座天性冷淡，個性喜靜，本身的話也不多，盡量避免重複說沒有意義的話。輕鬆愉快的溝通方式，是最讓摩羯

座人舒服的交往，天性實際的他們在輕鬆愉快的氛圍中能卸下重擔，感到溫馨和快樂。

☆不要嘗試冷淡和冷漠

不要期望以冷淡來讓摩羯回心轉意，你冷的話，摩羯會比你更冷，摩羯不是那種會很努力挽回的人，除非你十分優秀，摩羯十分愛你，他（她）們才會打破冷戰，委屈自己。不然，你的冷言冷語，冷淡表情通常都是傷害摩羯座最深的，他們會不顧自己傷心難過而選擇逃避你，不再與你交往。

☆不要輕易開玩笑

不要輕易開摩羯的玩笑，因為摩羯一般都是比較認真的人，很容易就把玩笑當真。如果你不清楚他們的脾氣和喜惡，或者你們還不熟悉，還沒到無話不談的地步，玩笑還是少開為好，摩羯們可能會因為一句玩笑話而不再理睬你。還要注意不要老提過去，不要把摩羯過去的故事當做笑談的材料，這會讓原則感很強的摩羯們很傷自尊。

☆摩羯生氣時，盡量給他（她）們台階下

盡量不要在原則性的事情上惹到摩羯，因為摩羯們都是很有原則性的人，他們會認為你進犯了他們的原則。如果摩羯生氣後，一般會表現出冷漠，不理睬等。這個時候你就要多委屈自己，寬容體諒，多討好摩羯了。如果錯在你，你就要主動道歉，請求原諒。當然，如果本身就是摩羯的原因，他們也可能以為礙於面子不敢面對你，這個時候，你就要給他們找個台階下，巧妙的挽救你們之間的關係。

★容忍**水瓶座**的多變，
其他一切好說！

個性獨立的水瓶座，從不隨波逐流，總是有著自己的獨特想法。他們崇尚自由，喜歡革新，卻總是給人變化多端、難以捉摸的印象。和水瓶座人交朋友，最重要的是理解和容忍他的多變，其他的一切都好說。

一開始和他們相處時，會覺得水瓶們是那種平易近人、很愛幫助人的類型。和他們說什麼話題似乎都無所謂，因為沒有什麼話題是瓶子不能接受的，而且他們幽

默，思想獨特，總會有許多與眾不同的想法脫口而出。

然而隨著交往的深入，你會發現多變的水瓶座人讓人很沒安全感，強烈的自我為中心，令水瓶座人對自己的一切都非常關心，他們也喜歡與人爭論，就算是黑的也可以說成白的。也許他們昨天還站在你這邊，今天就莫名其妙的和你對立了。其實水瓶們愛說反話和善變的個性並不是有心的，只不過是他們不想成天附和別人的意見，是為了表現自己的獨特性才這樣的。

容忍水瓶們的多變，是你和他（她）關係親密、逐步升溫的前提。和瓶子相處久了，你會發現，雖然瓶子的確是一直變化著，但是整體上，是從一個讓你有好感的普通朋友變成值得一生深交的好友或者是戀人。雖然這條變化趨勢線是曲折起伏的，但是整體的趨勢卻是可喜而前進的。因為隨著你的忍耐和寬容，瓶子也逐漸付出自己的真心，一旦信任你，便會終身守護這份感情。

大家都知道水瓶座好奇心重，喜歡創意，腦子裡總是閃現很多的、有趣的點子。他們的腦袋會不由自主的有些奇怪的想法，這些多變的離奇想法是不會輕易停止

的。不要埋怨水瓶座人不把你當朋友，早已發生的事現在才告訴你，這只是因為瓶子天馬行空的腦袋實在變得太快，所以讓你分享的就只有冰山一角。如果你因此認為水瓶座人還沒向你敞開心扉，或者是認為他們虛偽不真誠，那就冤枉水瓶們了。總之，習慣水瓶座人多變的想法，你就不會陷入總是猜來猜去的複雜念頭裡了。

瓶子們的冷熱無常，會讓他們的情人莫名其妙的不知道該怎麼跟他們相處。這些人通常有個怪脾氣，他們雖然對什麼事情都表現的不怎麼在意，但是，心底還是會在意的，瓶子不是在假裝的，他們就是那個樣子。而且，他們對愛情並非不專一，只是無法完全專注。不要逼迫水瓶座的戀人承諾什麼，因為他們自己也不知道承諾是怎麼一回事。如果因為你對自己地位的不確定，總是和他起爭執，當他受不了的時候，你也可以放心，水瓶座人不會生氣也不會失態，只是會選擇一個人靜一靜罷了。

崇尚自由的水瓶座人，外表上呈現冷漠與熱情的多變形態。你不會覺得他們是個冷漠的人，也不會認定他

們是個熱情的人，總是會感到他們的天真與世故不斷的交錯運作，這完全歸因於他們的保守性格。所以，為他們的多變型人格煩惱完全是自討苦吃，試著習慣和容忍，對自己對水瓶座朋友，都是一件好事。

★怎樣攻克**雙魚座**的心理防線！

交上一個感覺很對的朋友，會使雙魚座的人感到「於吾道不孤」而為之興奮不已。但這並不能稍減他們心中的孤獨感，他們仍認為人是互不相屬的獨立個體，因為魚兒們的內心總是隱藏著一道「心理防線」。攻克雙魚座的心理防線，你們的關係才會由寒暄點頭的普通朋友，上升為無話不談的親密知己或戀人。

雙魚座是很善於傾聽別人的星座，他們細心體貼，溫柔如水，總是懷抱著同情心對不幸者關愛著。

主動而真誠的付出，會讓魚兒感受到你的善良和好意，並且投桃報李。主動坦白你對魚兒的好感，試著約他（她）一起去逛街、遊玩，雙魚座的人不會拒絕你，天生不知道如何拒絕別人的魚兒只會隨你高高興興的相

處，因為你的主動，讓魚兒覺得自己是深受你喜歡的朋友，而隱藏在性格裡的自卑情緒也在你們輕鬆的交往中不見蹤影。試著多跟魚兒說些真正的心裡話，這個時候，魚兒也會跟你坦白心事，沒有顧慮。

在交談的過程中多表現出對雙魚座人的欣賞與肯定。魚兒其實很喜歡被關注和欣賞的感覺，所以你的讚美會讓魚兒一下子就喜歡上和你在一起的感覺。

談話的過程中，不要老是說工作上的無趣事情，如果你談話的時候多一些浪漫主義的藝術情懷，這會馬上引起魚兒們的興趣。評論一齣劇、一部電影、電視或藝術作品，或者說些比較神祕有趣的故事，都能讓雙魚好奇的雙眼注視著你。

當你和雙魚座朋友比較熟悉的時候，你就要讓雙魚座獨佔話頭。要是你對所談的問題不懂，雙魚座會很樂意為你解釋，因為其實雙魚座最喜歡的就是給人說教。雙魚座很細心敏感，而且也總是很樂意傾聽別人的煩惱傾訴，雙魚座人是很稱職的「情感垃圾桶」，然而自己的傷痛卻常常埋在心底。

如果你能在雙魚座人低落的時候，試著鼓勵和安慰他們，扮演一個良好的聽眾朋友，悉心的聆聽魚兒們給你講的點滴瑣事，及時鼓勵魚兒，相信魚兒一定會記住你。在雙魚最需要幫助的時候，傾聽和鼓勵是最好的方式。

雙魚座的女人，心是玻璃做的，既然她交給了你，你可得小心呵護才行。愛幻想的雙魚座女人總是對未來充滿期待，但是環境的變化也常常讓她選擇逃避現實。當魚兒有點低沉逃避的傾向時，不要説些傷害魚兒心的話，而且雙魚座的情緒總是波動起伏的，他們總是很敏感對方的微小變化。你大聲説話或是一個不耐煩的表情，都可能讓雙魚座女孩心碎。

雙魚座的女人很缺乏自信，即使她們擁有了那麼多的優點，也會經常覺得自己不夠好，不夠堅強，不夠有上進心，不夠能幹。她們總是越想越擔心，越沮喪。因此，她們非常需要你給她們鼓勵和安慰。

第四章

這裡有最**適合你的工作**！
翻開星座書頁，擇業不再發愁！

　　十二個星座，十二種獨特氣質，決定了十二種不同的人生軌跡。人生漫漫，你還在為未來做什麼而犯愁嗎？競爭激烈，你還不知道最適合自己的工作是什麼嗎？有些事情，你能完美的達成任務，而有些工作，不管你怎麼做都不能讓人滿意，人的工作成就與性格氣質無關，但是性格氣質確確實實決定了你適合什麼樣的工作。是的，這些天生的力量決定著你的擇業方向！翻開星座書頁，找到屬於自己的代表「座」，這裡有最適合你的工作，這裡有屬於你自己的從業寶典！

白羊座

★有風險的的方就有你的身影！

白羊座的人深愛自由，不喜歡受到外界的壓抑，羊兒有著旺盛的企圖心和冒險精神，時刻勇於嘗試，精力旺盛，一旦確定目標就會全力以赴。對於活潑熱情，時時充滿春日朝氣的白羊座，有風險有挑戰的工作，才能滿足積極進取的白羊座愛好冒險的情結。

活潑自信的羊兒，從小不是擔任班長，就是孩子王。因為他們天生具有領袖氣質，喜歡指揮別人。和許多人在一起時，他們很自然成為焦點中心，不怒而威的氣勢更容易吸引別人的眼光。羊兒具有積極開創的精神，有可能成為探險家，也有可能將冒險犯難的精神發揮在別的領域中，而得到真正的滿足。羊兒們最好能有一技在身，自己獨立經營生意。若是身處大公司中，也應盡量選擇業務或開發部門，讓原有的冒險精神能徹底發揮。秘書、財務、工業技術、公務員等缺乏變化和挑戰性的工作奉勸白羊座人還是不要嘗試，因為你們絕對受不了這種日復一日的單一生活！

　　白羊座的人在戰鬥狀態下通常都能發揮很大的潛力。如果處在平穩的狀態下，他們的大膽行為及敏銳的觀察力可能容易生銹。此外，要他們卑躬屈膝的工作，可能會令他們苦惱不已，同樣需要持之以恆的工作也應盡量避免。

　　總之，社交性強的羊兒們，非常不適合刻板、一成不變的工作，哪裡有風險和挑戰，哪裡就有羊兒活潑好動的身影。具有強烈白羊座傾向的人，性格進取、慷慨、活潑。羊兒應變能力敏捷，處事明快，但往往粗枝大葉容易忽略細節。在擇業時，作家、播音員、政治家、設計師、旅遊業、職業運動員、企劃部門等都是可以值得努力的方向。然而，羊兒缺乏耐心、有點急性子，最喜歡開快車。調查研究，醫生等需要耐心和精細的觀察能力的職業都不是適合他們的。

　　羊兒思想敏銳，天性好動難以安分，別人絕對無法勉強他們去從事不感興趣的事物。競爭和冒險就是白羊座的天性和本錢，所以可發揮上司力以及富於探險性的工作對他們來說如魚得水，辛苦鑽營或一成不變的工作

可能會悶死羊兒！白羊座的座右銘是：即使失敗，也比什麼都不做來得好。所以他們不喜歡維持現狀，而喜歡向未知挑戰。

白羊座的人很適合自主創業，他們獨具個性的熱情會激起身邊的每一個人朝未來的藍圖努力。然而，為了某種目的，不惜一搏的白羊座不是一夜致富，就是經濟危機。對金錢漫不經心的他們，若要創業，最好找個理性沉穩的合夥人比較保險。

金牛座
★穩定的工作最合你胃口！

牛這個符號形象，透露出這個星座堅毅的本質，也許反應並非敏銳靈活，但只要想到牛脾氣，就知道其蠻勁絕對不容忽視。金牛座不論做什麼事都是行動緩慢、意志堅定，這樣一股力量是無可匹敵的，而十二星座之中也只有摩羯座可與之匹敵。對於金牛座來說，穩定的工作最合你的胃口。

金牛座非常重視安全感，不喜歡頻繁的變動，凡事

講求平穩確實、寧缺毋濫。掌管金牛座的維納斯（金星），因被丘比特的箭誤射而愛上美少年阿多尼斯，最後靠芬芳的香水、珍奇的珠寶來擺脫自己對美少年的依戀，由此可見，藝術美與物質這兩個元素對本星座來說可謂相當重要。

金牛座是一個做事有計劃且能堅持到底的人，他們適合從事穩定且變動較少的工作，如總務、人事管理、雕刻家、廚師、會計師等都是不錯的選擇。而且牛牛常常缺乏工作協調性，不善於分工而導致工作獨自完成。

需要精細技術和耐心的工作，金牛座人常常能做得很棒，但是靈活性強、挑戰大的工作卻讓牛牛感到無所適從。事實上，金牛座可說是天生的投資者、精明的生意人，擅長炒股票，也適合做期貨交易。

金牛座的人天生都有很強的金錢觀念，對事物的價值能立即察覺、一眼看透。有很多中小企業老闆、高收入者，以及成功的投資人都是這個星座的。而且金牛座尤其對音樂、美食、珠寶、和藝術品這些具有收藏價值的事物感興趣，可說是「美」的擁護者、信徒。

可是，金牛座所追求的是真正的價值，像正直、誠實、自然生態這類不能以金錢衡量的「價值」，才是金牛座價值觀的金字塔尖。演藝界、藝術界、寶石鑑定業、金融業烹飪、料理事業對金牛座的人來說，都是很適合的職業發展方向。

金牛座的人有著某方面的藝術天分，極有自己的品味，亦不流於風潮，或許屬於沒有求新求變的勇氣的一類人，但是金牛座人的腳踏實地、從容不迫等特性卻是很顯著的。

牛牛不願冒險，寧可繞遠路，也要選擇一條安全的路，而別人一天能決定的事，他們可能要一個禮拜，是個「皇帝不急，急死太監」的慢牛！不過，就因為他們這種謹慎的做事方式，失敗的幾率便降低，加上他們頗有責任感、思維嚴密，所以儘管他們總是慢半拍，也總是能得到上級的好感。金牛座的人，工作能力相當強，藝術鑑賞能力更是一流，若能再發揮點冒險精神，將有助於開拓人生。

忙碌的都市上班族本來並不適合凡事慢半拍的金牛

座，但平凡的上班生活所帶來的安全感卻相當合乎他們永續經營的願望。

所以，他們選擇職業時，不管工作多有發展，若不能給予安定的保障，他們絕對不會考慮。

雙子座

★讓你的口才在職業上大放光彩！

雙子座的人大都相當健談，幾乎是為說話而活的。雙子座可說是八面玲瓏的社交高手，他們談起話來話題之豐富，常令對手歎為觀止。他們擅長和人議論，再加上腦子動得快，又有理性思考方式，如果雙子座的人擇業時能讓其口才大放光彩，定能獲得事業的巨大成功！

雙子座的巧妙的口才，加上大方的氣度和行動力，使他們能活力充沛的遊走於各個社交圈，並為所有人帶來如陽光般的清新氣氛。新聞事業（報社、廣播或電視）能夠滿足具有語言方面才能的雙子座急於溝通的本能、喜歡變化的需求。

此外，喜歡旅行和擅長交涉的能力也讓他們適合從

事業務工作。他們對教職也能充分勝任，因為他們是所有星座中最能迎合時代潮流的星座，故而和學生較易打成一片，不容易有代溝的問題。外交官、記者、教師、資訊業、翻譯、律師、導遊、演講家、推銷員等能大顯雙子高超「口才」的職業，都是雙子座人發揮才能的理想天的。雙子們有著旺盛的求知慾，使他們在處理事情時能從全方位考慮，並且有迅速判斷的能力。他們才幹出眾，不過若能多點恆心耐力，絕對成就無限。

雙子們需要不斷發掘新的興趣，故應避免從事單調、冗長的工作。旅行文學作家、廣告文案、資訊媒體人、傳播家等「新意」無限的職業，都是雙子座人可以大有所為的領域。

另外，A型雙子座最大的利器就是對情報搜集及運用的能力，在這個資訊爆炸的時代中，他們稱得上是媒體寵兒。土木建築、警察、工業技師、金融、園藝等比較枯燥的工作會讓雙子們興趣索然，是不利於他們發揮特長的職業。

雙子們善交際和隨和親切的性格結合，使他們相當

容易建立人脈。能幹的他們，不只是唸書和工作在行，連運動、音樂的才能也是一流的。有些雙子座的人處理事情方面相當具有能力，但是這項得天獨厚的條件並不能為他們帶來成功。因為他們還缺乏努力、耐性，而運氣向來都差的他們，如果能再加強毅力，一定會爬上最頂端。造型設計、專欄作家、證券交易等都是可以成為處事能力較強的雙子座人最佳選擇。

雙子座人雖然能說善道，然而並不是熱情洋溢的人。他們內心多面，而且冷靜聰明的雙子很懂得靈活變換自己的角色。資訊媒體人、演藝事業、新聞傳播家、播音主持、咨詢產業都是雙子座可以大展其「說」的能力的方向。

雙子座人有時候會高估自己的能力，一心多用，同時追求各種事物，最後可能只獲得「博而不精」的稱號，雙子們應該立定目標，腳踏實地的去實現，最重要的是要好好發揮雙子座的冷靜判斷力和絕佳口才，使自己的目標更富於變化與創意。

巨蟹座

★最適合巨蟹座人的 9 種職業！

☆教師

巨蟹座的人能夠給人安全感，配合與生俱來卓越的記憶力，不僅記得許多人的名字、面孔和一些瑣碎的特徵，加上心思敏銳和伶俐的特質，使他們能成為很出色的教師。巨蟹座的人同時也生性慷慨、感情豐富，樂於幫助有需要的人，喜歡被人需要與保護人的感覺，所以幼兒教師、護士等職業也是巨蟹座的人不錯的選擇哦。

☆演員

巨蟹座人的天賦主要表現在想像、音樂、繪畫、小說、電影和幻想創作方面。在幻想中他們喜歡演一個角色，從中去確認自身的價值和尋找所需要的自信心。由於主宰行星月亮對他們的影響，他們可能成為深受觀眾崇拜的演員。他們的激情和藝術天賦能深深打動觀眾的心。

☆廚師

巨蟹座是一個重視生活細節的星座，只要和生活有關的事物都會引起蟹子的重視。雖然做事低調的性格使蟹子更喜歡從事一些非前線的工作，烹調方面的天才使其很適合成為廚師，也適合經營飲食業，不過其只有在安靜的工作環境中才能避免因情緒緊張而導致消化器官的不適，故必須慎選工作場所。

☆行政人員

巨蟹座的長處之一是記憶力甚佳，對一切事物都有很好的記性，這也許和他們喜歡不斷回憶過往的性格有關。他們對事情提出看法，喜歡訴諸直覺，且通常都能做出正確的判斷。這一點使巨蟹座人可以成為很出色的行政人員。

☆護士

巨蟹座在護理病人方面是出類拔萃的。在工作中，他們的敏感常給他們帶來麻煩，一絲困難就可能使其內心產生強烈的反響。相反的，當他們感到自己深受別人信賴時，會與周圍人建立良好的關係，激發出無限的真誠和創造力。因為巨蟹座具有個性善良、感覺敏銳及長

於家務的天性，女性是優良的看護人選，特別適合照顧嬰幼兒。

☆餐飲服務業

由於巨蟹座人特有的責任心和組織能力，使他們能在一切與公眾接觸的工作中贏得信譽並發揮才智。此外，這星座的人一般喜歡美味佳餚，欣賞出色的烹調技術，所以飯店業、旅館業、食品商業也是巨蟹座理想的職業發展方向。

☆各種研究人員

而其天生喜歡思古懷遠，加上良好的記憶力，對舊事件的枝枝節節都能隨手捻來毫不費力，也適合從事歷史研究與考證的工作。

☆公益社會家

巨蟹座的人富有愛心，性格比較沉穩，作風謹慎，對所愛之人隨時保持高度關懷，在公益活動中常常能找到最大的滿足。

☆藝術家

巨蟹們天生具有旺盛的精力和敏銳的感覺，擁有超

群的直覺和敏感。這星座的人多半喜歡生活在旖旎的幻想中，所以作曲家、編劇、作家、畫家的工作無疑帶給他們最舒適的享受。

獅子座

★你應該選擇仕途！

獅子座擁有超然的自信和倔強的韌性，堅信自己的想法，富於個性。相信有志者事竟成，面臨任何困境都不會輕言放棄，會憑藉堅忍不拔的毅力戰勝艱難險阻。他們絕對不能從事太過於沒地位的職業，這會嚴重損傷獅子們的自尊心，所以最適合從事一些管理與決策性的工作，也就是說，獅子座人應該選擇仕途。

獅子座人需要一份能夠充分發揮才能的工作，他們熱愛工作，總是全力以赴，幾乎不知休閒為何物，尤其是適合需要高度創意和藝術性的工作，才更能滿足其工作狂的特性。

獅子座的人由於天生具有上司能力，能夠在最愉快的氣氛下引導別人付諸行動，頗適合為人師表，而他們

本身亦能從教育英才的工作中得到最大的樂趣，不過他們適合教導年紀較大的孩子。

行政官員、珠寶業者、證券業者、經紀人、演員、休閒娛樂業、政治家等職業對喜出風頭的獅子來說再適合不過了。同時，獅子在舞台表演和藝術能力上也有著絕佳的天賦。樂觀開朗、充滿無限活力的獅子座，天生喜歡表演，站立在舞台上的他們永遠都會光芒四射。所以當他們成為娛樂界或者藝術界的一員時，他們會覺得如魚得水，充分享受這鎂光燈下的工作。

獅子們適合獨創性的工作、高級職位，如外交、銀行、交易所、首飾業、高級旅館業、大型企業、遊樂場、藝術博物館、戲劇團體的上司人。獅子座的人喜愛交際，重視朋友，個性豪爽，有強大的上司能力，並且具有激發人心的氣質，經常是團體中的焦點人物，具有堅忍不拔的性格，儼然王者之風。獅子座的性格、特性一目瞭然，毫無複雜或隱藏難解之處，是王者、是上司。總之，在團體中他們是上司者，且其深知自己此種操縱和上司別人的能力。此星座人不僅擅長上司，本身

也能以身作則，努力工作。

獅子座的人野心雖大，但事實上他們也是個忠實勤勉的下屬，但有一個前提，就是上司的威嚴足以使他們心服。在此類主管的上司下，他們能夠無怨言的承擔最艱巨的工作，甚至對呆板枯燥的工作也能夠不厭其煩的承受。萬一他們的上司屬於愚蠢、氣量狹小或是缺乏組織能力者，獅子座的下屬就只有另謀高就一途了，他們無法接受這類上司的指揮。

廣告從業員、室內設計、導演、珠寶業、飲食業、雕刻家等都是適合獅子座人的工作。獅子座天生具有戲劇天分，是舞台上眾所矚目的焦點。他們天性熱情、樂於助人、樂觀、進取，有他們存在的場合，往往就有陽光和歡笑。漫畫家、歌手、陶藝家、演員、政治家、舞蹈員等都很適合頗有戲劇天賦的獅子座。但是令人感到訝異的是，獅子座的人相當敏感，容易受到傷害，不過因其具有戲劇天分，故在表面上能夠不動聲色，並且對不公平的對待展現出最大的寬容。在被激怒的時候，他們會以王者的威嚴懾服對方。

處女座

★服務類職業是你的最愛！

處女座人天生就有很好的學習能力及語言天才，更有分析能力加上聰明的頭腦，學習事情都很快，很適合從事的工作就包括了：需要高度感應數字能力的行業及需要分析、統合能力很好的行業。

處女座適合從事服務業，因為他們需要從秩序規律的環境和日常活動中獲得安全感。他們喜歡把自己盡善盡美的服務精神運用到工作上，勤勞及節儉是很適合服務業的，服務別人向來都能讓處女座從中得到快樂及感覺別人需要他（她）們的重要性。

服務業的範圍很廣，哪些服務業適合他們呢？處女座不喜歡有太多煩瑣雜事的工作，最好是自己已經很嫻熟的工作，這樣不但興趣十足，而且信心滿滿。適合從事的工作有：股票買賣、醫生、新聞記者、講師、學術研究員、作家、公務員、會計、編劇、調查員、工程師等。

處女座凡事都不願意依賴別人，所以金錢對他們來

說是很重要的，相當的財產才能保證他們生活無憂。他們會為了每個月的薪水認真工作，反正他們本來就是老實本分的人，所以工作是不是有趣無所謂，能不能出風頭不重要，有沒有權力在手也不在乎，最重要的就是合理的報酬。

處女座的人謹慎冷靜，做事周到、細心、謹慎而有條理，並非常理性，甚至冷酷。有特殊的評論能力，喜歡把事情一點點的分析、批判。處女座是最有辦事能力之一的星座，喜歡追求完美，總是可以把事情做到盡善盡美的的步。一些需要專注和細心的工作，都是處女座最常從事的行業，例如：辦事員、公務員、行政人員、秘書、會計和出納、紡織業者、圖書業者、教師、編輯人員、科學研究等。

由於天生欠缺上司能力，處女座的人很難成為出色的主管，不過卻最適合擔任幕僚工作，給予上司者合宜而穩當的幫助。基本而言，處女座的人找尋工作的前提是必須有穩定的收入，經濟基礎的堅實能予其充分的安全感。此外，凡是對任何有關分析方面的工作都能愉快

勝任。由於水星的影響，處女座的人往往是出色的文學評論家，或是更傾向於雙子座喜歡溝通的本質，他們也很適合從事新聞或播音員的工作。

處女座的人比較喜歡在自己的角落裡埋頭苦幹，對於引人注目的事沒興趣，而且他們的工作也常常是需要獨自在安靜的環境裡進行的。比如說他們很適合各種「挑錯」的事，不管是書報編輯、老師、會計等，都是最能發揮他們完美主義天性的工作。細心的處女座也很適合從事研究工作，因為許多研究是三年五載沒有結果的，如果沒有耐心和毅力絕對做不下去。

天秤座

★與人有關的職業才能盡展天秤才華！

他們很擅長抽像的思考分析問題，從中找出脈絡條理，並加以解說和利用。企業顧問、律師之類的職位可以讓他們大展所長。天秤座的人有保持平衡、公正的天性，再加上對人心的瞭解，善於建立良好的人際關係，也使他們有潛力成為出色的貿易商。他們很容易察覺到

市場趨勢的變化，並判斷利弊得失，並且很喜歡在交易時與別人互動。由於他們會盡力促成公平的交易，使雙方都能從中獲利，所以大多數人都喜歡和他們合作。

理性思維旺盛的天秤座最喜歡的是不斷動腦的工作。天秤座的人在金星影響下，具有相當的藝術天分，所以常被服飾、美容、室內設計、音樂、珠寶等類的行業所吸引。他們可以將藝術的愛好和賺錢的事業結合起來，同時得到物質與心靈的滿足。除了外表過人外，內涵對天秤座來說也是重頭戲，他們喜歡美的事物並能培養美的鑑賞和感知能力，因此天秤座可以朝空間設計方向努力，或者成為一名出色的藝術家。

天秤座的守護星是表現愛與美的金星，因此天生對美的感受強烈，能抓住和諧的平衡感，特別是對於音樂方面的才華、富有創意的設計等等都十分敏感，尤其厭惡任何不協調的感覺。從上天賦予的優越機智和社交能力來選擇的話，最適合天秤座人的工作是擁有發展空間的職業，例如外交官、作家、藝術、設計等相關工作。

天生屬於社交型人物的天秤座，喜歡跟每個人保持

和諧的關係，而且他們舉止優雅、不會隨便傷害他人的感情，對於自己的言行舉止很合宜，絕少激動的言語或行動來表現喜怒哀樂等各種情緒。因此他們給別人的建議相當中肯，可以用巧妙的理論和溫和的言語說服對方，像講究外貌儀態的行業，天秤座也很容易出線，如演藝從業人員、公關服務人員等。

天秤座人具有良好的管理能力，做事有效率、細心，凡事都有計劃、深思熟慮的他們，不但熱愛工作，也喜歡跟別人交涉，在任何情況下都很和氣，不會帶給同事壓迫感。另外，由於洞察力敏銳，能輕易看穿別人的想法，常會想出很好的宣傳或行銷廣告的點子，尤其腦筋轉得很快的他們，適合去開發新客戶，因為不管什麼場合都能讓他們出盡風頭。同時對國家社會議題有興趣的天秤座，可往公共關係或外交等領域發展。

天秤座的人不善獨處，工作上也適合和人合作，而不適合獨挑大樑。如果想經商的話最好與人合夥。他們很適於藝術或公關的職業生涯，與人有關的一切職業都能讓天秤座人綻放光芒。

天蠍座

★與調查有關的行業最適合你！

天蠍座個性強悍而不妥協，也非常好勝，蠍兒們在心中總訂有一個目標，並且非常有毅力，以不屈不撓的鬥志和戰鬥力，深思熟慮的朝目標前進。因為擁有強烈的責任感，做事集中力強、有非凡的感應力，他們適合從事調查方面的工作。

天蠍座的人對工作有權力慾望和野心。對於自己所喜歡的工作，可以顯露出無限的熱情；而對自己所不願意去做的事，就顯得興致全無，所以工作當中的興趣是很重要的。與調查有關的行業、牙醫、內科醫生、中醫師、魔術師、命理業者、稅務人員、間諜、藥材商、靈媒、具有祕密交涉性質等職業最容易展現蠍子細膩察覺的本事。

除此，天蠍座的人員有敏銳的觀察力，感情又豐富，而且很善於傾聽別人說話、善解人意，也很適合擔任一般咨詢顧問的工作，像是心理學家、輔導人員、教育學者等。

　　事實上，天蠍座的人確是較深謀遠慮，而且情慾之強烈可以排名十二星座之冠，然而只要能把這能量導向正面事物，往往可以造就出讓人刮目相看的成績。書記、補習班、飲食業、針灸師、游泳教練、接線生、評論員、印刷、律師、珠寶業、市場開發也是天蠍座人值得努力的方向。

　　天蠍座的人需要從事有成就感的工作，而無法忍受單調的例行公事。他們一旦發現工作上缺乏挑戰性時就會另謀他職，甚至會強迫自己置身麻煩中，努力從逆境中建立起自己的基業，或是放棄已具規模的事業重新奮鬥。保險員、醫生、公務員、占卜師、護理員、教師、員警、古董家、檢察官、護衛員、圖書館管理員等都可以是天蠍們進展順利的行業。

　　很能洞悉人性心理的天蠍座，常能在幾句話當中進行抽絲剝繭而尋求出整個事件的脈絡，會是個出色的心理學家，可擔任心理咨詢師或心理治療師等工作。任何使他的能力面臨最大考驗的工作，都能夠滿足他們對工作的需求。天蠍座的人具有找出問題核心的長才，若是

從事犯法的工作，也會是個智慧型的罪犯。

　　此星座的人常擁有權力、財富、名聲和人所稱羨的地位，但要留意的是，不要輕易與他們為敵，因為他們本身是一個容易記仇的人。像形象指導、政治家、稅務員、廉政公署、心理學家、速記、大學教授、私家偵探等工作都很適合天蠍座人。

　　追根究底的學術研究工作，是天蠍座的人所擅長的項目之一。他們可以全神貫注在長期性的探索當中，並經常選擇和醫學有關的項目如外科或心理學當作研究的對象。天蠍座的人也可成為優秀的軍人或水手，他們喜愛紀律，並能恪遵不誤，或許軍事化的生活能夠滿足他們近乎自虐的心態。若善用天賦，亦可在偵探、間諜、科學界大有發展。

射手座

★這些工作會使你更輝煌！

　　機動性高、適應力和應變力都強的射手座，是典型的火象元素變動型代表。由於生性具備了充沛的體能，

因此生命中似乎永遠不會有冷場。誠實和坦率是射手座的一大特點，這樣的特質加上理想遠大、眼光宏大，通常是成就大事業不可或缺的幾個最基本要素。

最關注提升的射手座，很適合所有可以獲得進步和發展的工作和事業。外向的他們適合多變的工作與環境，所以多元化的服務業比較適合他們發展，當然需要想像力的創意工作也是非常適合的。至於需要中規中矩的製造業，或者一成不變的內勤工作，對他們來說就比較沒有吸引力，恐怕不到三天就會因為無聊而走人了。

由於射手座的象徵圖案是人馬獸，因此具備了馬的行動力和人的智能。射手座行事效率高，而且相當積極，是能在競爭中脫穎而出的一大制勝關鍵。

射手座的主宰行星是木星，木星是太陽系中最大的行星，因此在性格上，射手座也具備了慷慨和寬容的特質，射手座的人馬精神，不拘於單一的文化和價值觀，喜歡以不同的觀點省思，因此痛惡思想的禁錮，喜歡不斷的開拓自己的生命視野，這樣的優質潛能，可以好好發揮。民意代表、律師、國貿、公共關係、廣告、媒體

新聞、出版業、教育、經紀人、行銷工作、企業家都是射手座人可以成功的行業。

射手座的人對工作和他們個性一樣熱情開朗，總是用樂觀的心態來面對人與事。當他們喜歡這份工作的時候就會非常投入，但若是不喜歡，相反的，他們根本不會用心去理會。

射手座喜歡的行業有：運輸、演藝工作、企劃製作、記者、銷售、業務代表、藝術創作、直銷及保險業務、房屋仲介、股票、學術研究、代理商等。然而政府單位、公務員、內勤人員、編劇、場記、助理性質工作、醫護工作等卻是射手們需要三思的行業，因為不圓滑的個性，會使射手們在無形中得罪人也不自知。

在職場，他們比較適合從事沒有人際包袱的工作。政府官員及公務員這種性質的行業，會讓射手座的人緣大打折扣。

樂觀、積極、正直坦率、酷愛和平、待人友善是射手座人的優點。在掌管公理正義的木星影響下，射手座也很適合從事和法律有關的職業，他們天生正直，極度

的誠實，對於真理充滿熱情，在司法界應該會有很優秀的表現。

當然他們適合這個領域的理由之一，也是因為他們的厚臉皮和充滿說服力的口才。或許表面上看不出來，樂天派的射手座其實很關心社會福利之類的議題。他們常常參與慈善團體或社會福利機構的活動，甚至可能搖身一變成為犧牲奉獻的神職人員或社會運動人士。

摩羯座

★請在職場上展示你的才能！

「工作」是摩羯座人生的最大中心，他們的責任心和毅力都很強。雖然會遇到一些挫折，但成績絕對沒有問題。他們往往會比別人花更多的時間去完成一件事，但卻也比別人來得更有毅力，這就是他們成功的要訣。

嚴謹過生活的摩羯座，常給人一副過於老成持重的感覺，欠缺活潑朝氣。雖然如此，摩羯座卻可以運用這種穩重的特性，在職場上闖出自己的一片天地。

適合摩羯座的行業，一般多認為是公家機關的行政

工作人員，憑摩羯這麼努力用功的人，要憑業績成功，並不是什麼困難的事情。

摩羯座受到表現秩序、威嚴與保守的土星所支配，具有駕馭自己事業的能力，有正義感、做事踏實，而且知識性、探索性、研究心旺盛，非常適合從事宗教或法律之類的工作，以及建築師、醫生政治家等比較注重秩序感與計劃性的職業。

摩羯們辦事能力與效率皆有目共睹，行政工作可說是他們的拿手好戲，他們資料建檔的能力極強，編輯和校對功力也頗深厚，不容易出錯，也因此常被視為辦公室的「安定器」。摩羯座非常謹慎本分，是很能吃苦的一類人，即使面對很枯燥的工作也能有耐心的一直做下去而不會煩躁。一般不適合自己創業，適合融於集體中做個兢兢業業的好員工，他們會是很好的執行者而非開拓者或創意人。一般適合的職業有：會計師、審計員、園丁、警察、保全、農民、養殖員、政府公務員、醫生、律師等等。

摩羯座人喜歡在組織嚴密的機構裡工作，做事的方

針和未來的發展性都有明確的指示。

然而摩羯座也不是非得坐在辦公室像個老姑婆一樣，基本上他們表面像一顆安定的植物，但卻暗藏著野心，因為摩羯座人相信，就算現在職務和薪資不怎麼樣，以後也一定會成為受人尊重的角色。作家、編劇、建築師、政治家、技術工人、房產商、房產或的皮經紀、房地產評估師等實業性質的工作，都是摩羯人的職業選擇方向，如果工作有一定靈活性和發揮性，更能引起摩羯人的工作熱情。

摩羯座很因循傳統並且服從權威，服務於體制老的公司反而比身處新派公司要來得習慣，摩羯座如果能藉由工作累積資歷，往往也能以此來建立威信和自信。注重倫理、講究專業、營運穩定且福利完善的稍具規模企業較適合摩羯人生存。畢竟，具憂患意識的摩羯們需要有保障的工作，才能無後顧之憂的發揮能力。

無論是什麼行業什麼職位，只要他們找準了自己的目標，應該都有不錯的建樹，企業管理、投資咨詢、律師、醫生等等比較辛苦但回報豐厚的工作，都很適合責

任心強的摩羯人。

摩羯人非常低調、謹慎、含蓄,相對於其他人,他們的權力慾望並不十分強烈,喜歡專注於自己喜歡的領域努力工作,是非常順從的員工,很容易在創作、設計等領域做出成績。

水瓶座

★最適合水瓶的一份職場規劃!

水瓶座的人需要富有創意或是能夠使自己長進的工作,他們對一成不變的例行公事很快就會感到厭倦。當然,當然也有足夠的能力從事呆板的工作,不過這卻白白辜負了他們與生俱有的創造能力。只要有機會,水瓶座人便能想出許多新奇的點子,並且賦予他們所從事的工作,一種嶄新而獨特的面目。

水瓶們具有獨特的思考路徑,也因為不按常人的想法思考,所以常會有令人驚喜的發現,他們稱得上是天生的發明家和哲學家,對美感向來有自己的一套,這種自信讓水瓶座的作品具有特色,漫畫和插畫作品顯得極

為特別。漫畫家、專業插花、油畫、設計師、造型師等都是適合水瓶座人的職業。

多數的水瓶座人在童年時都有想成為天文學家的志願，願意嘗試也讓水瓶座人在科學和神祕學上有所成就。水瓶座的人非常富有創意，隨時都可以發揮熱情、熱忱、原始的能量去完成工作。詩人、戲劇家、作曲家、作詞家等都是浪漫的水瓶座人可以考慮的職業方向。

當水瓶們下定決心完成工作，並賦予團體力量，將之推向更高的目標時，也可以使別人充滿能量。當前盛行的電腦資訊產業，水瓶座可投入程式設計行列，並且有創新的種種可能。他們的興趣是超派系的，所以他們會做最符合整個團體利益的事。他們可以成功的推動他們所相信的理想主義或人道目標。軟體設計師、電子產品開發、研究人員等都是水瓶們偏向理智的合適職業。

水瓶座的人在需要客觀性的工作中，會有很好的表現。他們會是出色的科學家、占星家、電氣工程師、技術人員、電腦專家。任何需要預見未來，並落實於當下

能力的工作，例如需要將創新的意見於大眾面前公開的工作，都可以使他們成功及快樂。

這個族群的人會藉由本身所適當運用的創造性能量，生產正面的結果，而且可以堅持貫徹到完成的階段。廣播電台或是電視台的傳播工作，也是他們有用與生俱來才能的範疇。

水瓶們不適合獨立工作，會因過於認真的態度而使壓力過大，造成心情緊張、憂慮不安，故適合與別人合作，甚至僅作為團體的一部分，在無壓力的狀態下，方能完全展現其絕佳的記憶力與創造力。水瓶座的人在團體中可以發揮作用，因為他們知道如何促進開放、和諧的合作關係。

但是如果水瓶們執意進入以自己為重心的行業，而不是以更高原則為重心，如電影明星、企業負責人、軍隊或政治人物時，他們會變得冷酷無情，無法平等的對人。水瓶座人在利用自己的技術推動重要的宇宙目標方面，會有較好的表現。他們在空間和航空領域、電子、攝影、電影、神祕學或哲學獲得很好的發展。

雙魚座

★天賦在這些職業中閃亮！

雙魚座是最像藝術家的星座，所以對他們來說和藝術有關的職業都很適合。例如藝術家、畫家甚至是詩人或舞蹈家等等都是屬於他們的職業。適合雙魚座人特質的職業，能讓溫柔敏感的魚兒閃亮生輝，秀出自己的精彩。

工作不會是雙魚座的人生目標，所以別人會覺得他們沒志氣，而且太情緒化，不適合太大壓力和責任的工作。然而有創意又有變化，可以發揮幻想力和藝術性的工作，卻常常讓魚兒暢遊其中。其實雙魚閒散兼迷糊的個性，不太適合太過於制式化的職業，所以很多雙魚們從事的還是比較沒有規則的自由業。同時，善良的他們也很適合從事社會福利和慈善事業，這些對於發揮他們過於悲天憫人的天性倒是一個不錯的方式。

一般說來，雙魚座的人不擅長邏輯和科學方面的思考、不適合吵雜的工作場合或從事紀律嚴格的工作，他們具有濃厚的藝術氣息，並且有那種把自己的感情融入

工作中的天性，所以適合往藝術、文學或設計界發展。

　　除此之外，對於宗教和玄學，他們都有著特別的天分，能夠發揮他們敏感而神祕的特質，感受到別人所忽略掉的事物。當然，魚是生在海裡的，所以雙魚座也和漁業以及和一切航海業有很大的關聯，他們很適合從事這一方面的工作。

　　不講究證據及注重研究精神的雙魚座，喜歡憑自己的感覺行事，不管別人如何建議。富有直覺能力的雙魚座人適合的工作有演員、作曲家、詩人、作家、舞蹈家、模特兒畫家、舞台設計、歌手、神職人員、社會工作者、醫藥工作者、保育工作者。

　　雙魚座的人有可能終生都充滿著幻想，他們最好選擇需要幻想或想像的職業，音樂、藝術創作、電影、電視、戲劇、尤其是舞蹈。雙魚們的經濟條件常常處於不穩定狀態，有時生活很寬裕，有時候經濟拮据，這種不穩定常常為他們帶來煩惱。每當這個時候，他們總想用迴避來逃脫，雙魚座的人的財產觀念相當淡漠。他們很能適應環境，並認為利用別人的財產和把自己的財產拱

手送給有求於自己的人一樣，是理所當然的事。何況海王星又在這一星座人的天宮圖中有決定性的影響。

雙魚座的人容易受到周圍環境影響的，服務精神旺盛，能體貼他人，待人溫柔有禮。因為他們本質就同水一樣具有流動性，對於外界的刺激一有敏感的反應，就會依環境轉換成正直或邪惡的個性，是屬於光明與黑暗並存於內心的人。所以，如果凡事順利，就不會表現自私的一面，可是一旦遇到挫折，就會手足失措，逃避責任。因此，能不能在社會上發達成功，全憑所在的環境及個人的因素。

第五章

你只需要糾正！

聽取建議，**錢途一片光明**！

　　理財，貫穿每個人的一生。賺錢能力有差別，十二個星座的理財觀念也各不相同，理財能力更有高低之分。你還在為如何合理使用錢財而苦惱嗎？其實你只需要糾正，聽取建議，走上科學有效的理財道路，你的「錢途」將一片光明。希望每個星座人都能做好自己的理財規劃，在事業的前途和理財的「錢途」上取得豐收。

白羊座

★為什麼你的錢袋月月告罄？

白羊們喜歡衝鋒陷陣，為了成功而存在的他們不會喜歡做沒有回報的工作的，白羊會選擇有明確遠景的事業，崇尚大進大出的消費生活。自信滿滿的羊兒不會小眼睛小鼻子的看待自己未來的成就，如此一來，眼前的力爭上游或投資冒險都會變成一種甜美的過程。

白羊座像是個不斷想要核分裂的原子彈，期待可以瘋狂爆炸的一天，衝動的性格容易引起不理智的消費，所以常常加入了「月光族」的行列。想知道為什麼你的錢袋月月告罄嗎？羊兒怎樣才能擺脫「月光一族」成為理財達人？白羊座荷包空空的「罪魁禍首」便是其衝動莽撞的性格。羊兒們想要光芒四射、出盡風頭的渴望，讓他們像是一個火車頭一般不停衝向無度消費的頂端，月月赤字的賬單就是最好的證據。要想擺脫「月光族」，羊兒們還得改改自己橫衝直撞、花大錢的壞習慣！要想賺大錢，就要堅守「節約、積累、穩定」的投資原則，除此再無別的方法。白羊座想將投資原則付諸

於實踐，一定要重視其階段與秩序。幾個建議，幫助你改正壞習慣，走向科學理財之路。

☆不要盲目趕時髦

追求時髦，趕潮流是熱情活潑的白羊座特點，當然這也是需要付出代價的。羊兒們特別愛買３Ｃ產品。其實，高科技產品更新換代的速度很快，這種時尚永遠也追不上，有這些精力和金錢還不如琢磨一下如何理性消費和規劃一下你的理財人生。更好的享樂生活本無可厚非，但「月光一族」的羊兒應適度控制花費並且科學理財。

☆一定要經得起誘惑

現在的商家促銷可謂花樣百出，買一送一，五折優惠，積分貴賓卡等，越來越多樣的誘惑使不少羊兒們患上了「瘋狂購物症」。特別是許多衝動的白羊女性，生怕錯過優惠的時機，往往不看自己的需求，不衡量購物的綜合成本，睜著眼往商家設好的圈套裡鑽。所以白羊座的你一定要經得起誘惑，制定好的儲蓄計劃不能因為一些打折活動而丟到一邊！

☆小心信用卡，避免當「負翁」！

並非人人都適合使用信用卡，特別是對消費衝動的羊兒們來說，使用信用卡更是需要慎重。信用卡是無現金交易，買再多的東西，輕輕一刷就完成了，這種瀟灑往往掩蓋了過度消費。白羊座的人千萬不能使透支成為一種習慣，因透支不但「月光」，而且成了「負翁」，這就更得不償失了。

金牛座

★用錢生錢才能快速致富！

金牛座大概是十二星座中最經得起時間考驗的理財專家，儘管他們看起來步履緩慢，但是他們是不屑與那些急於求成的人一般見識，對牛牛來說，與其四處奔波還不如安安穩穩抱著他們的鐵飯碗過日子來得實在！然而保守踏實的金牛座人，卻不懂得用錢生錢的理財技巧，想要快速奔上財富之路，金牛座人還得多學幾招用錢生錢的理財方法呢！穩重踏實的金牛座都會盡早學會一技之長，而且為了確保自己的地位，對牛牛來說，孜

孜不倦的進修也是不可缺少的。牛牛們從小就有儲蓄的習慣，當他們到了一定年紀的時候，就會過著悠閒而規律的生活，這時候當初認為老牛小氣的人可就跌破眼鏡了。但是儲蓄不是「美德」，而是「手段」。金牛座人總相信，只要省著點用，勒緊褲腰帶，就能成為有錢人。其實他們有著穩定的職業，在公司裡比誰都努力工作，並在此過程中通過儲蓄獲得「種子錢」。金牛座人只要改變，學習科學的利用這些本錢，就能向著富人的目標一步一步邁進。

☆錯誤觀念【一】：錢就是用來儲蓄的！

要懂得用錢生錢的投資理財手段，金牛座人首先要改變一個理財觀念，那就是不儲蓄，絕對成不了富豪。金牛座人要改變儲蓄觀念，弄清楚儲蓄只是一種能創造出「子錢」的手段，只是那些想發財、卻又苦於既無手腕又無「有錢父母」的人唯一的選擇罷了。

「唯有節約、儲蓄才能成為富人」這一古老而又樸素的原理，已經深深的刻在了金牛座人的頭腦裡。他們相信「節約並積累才能成為富人」，所以通常失去很多

絕好的投資發財的機會。

牛牛只要改變了這一觀念，必能在自己的財富之路上越走越完滿。

☆錯誤觀念【二】：只要努力工作就能致富！

努力工作就能賺錢嗎？我們在前面說過，金牛座人們比誰都要努力工作，是媳婦熬成婆的最佳典範。然而，並不是只要努力工作就能成為富人，也就是說，努力工作不是成為富人的唯一條件。

在自己的崗位上傾注了畢生心血，有朝一日退休卻落得窮困潦倒，這樣的例子在我們身邊比比皆是。原因就在於，這些人只知道用心工作，卻不知道該如何有效利用自己賺來的錢。

美國石油大王約翰‧洛克菲勒說過：「終日只知努力工作的人失去了賺錢的時間。」大致上，工作狂著稱的金牛們，在房地產投資上都是些門外漢，他們滿足於用努力工作換來的高薪，卻不關心該如何有效的將這些錢花出去，用錢來滾錢。金牛座人用儲蓄存錢是一種很不錯的手段，但同時他們還知道如何做到儲蓄與投資並

行。在明白「錢滾錢、利滾利」的道理後，金牛座人要開始尋找投資對像小試牛刀，比如炒股或炒債券，將早期投資作為積累投資經驗的「前奏」，假以時日，你的富人之路必定不會太遠。

雙子座

★為什麼不試試與人合作？

雙子座的人，才情洋溢，並具有強度的感染力，好玩、好動、好奇，使雙子座像一枚跳動不休的火焰，時強時弱，卻永不熄滅。他們精力旺盛，對工作認真，對朋友講情意，對事業野心勃勃。但是，執行能力亦強的雙子座人，只是較不信任別人，寧可獨自接受挑戰。

很多的雙子座人腦海中都存在著個人英雄主義，總希望在一些事情上表露一下，在上司面前表現自己，為了不被其他同事分去一些功勞，所以有時候就會冒著一定的風險（當然是以公司的資源為成本），一個人單槍匹馬做點什麼出來。當然，要是出了紕漏，最後還得是公司承擔。不過說到創業投資做生意那就不同了，很少

有雙子座人會從降低成本及風險、或是提高效率的角度考慮去主動聯合其他同事、朋友，共同完成某項創業構想。不知道聯合的力量，單打獨鬥而失敗常常有，雙子座人應該知道，「個人英雄主義」有時候是要百害而無一益的。

在理財方面，喜歡嘗新的雙子座，雖然他們的錢財不會「大舉遷移」，但是已經足夠讓身邊的人眼花繚亂。不過放心，雙子座人對待錢財還是很講究安全性的，放在籃子外面的雞蛋一定不會比裡面的多。

雙子們不容易信任別人，使得理財投資方面總是有很大欠缺，如果試著跟人合作，更能「大展身手」。要懂得聯合可以聯合的力量，合作發財取得共同富裕，遠比一個人守著發財的點子苦心好得多！你想排擠別人的時候，有可能也排擠了自己；而你盡力去與別人合作、幫助別人的時候，實際上也幫助了你自己。有句老話叫「同行是冤家」。當雙子座的你千方百計欲置競爭對手於死地的時候，自己往往也不會得到好結果，也許吃虧的反而是自己。所以，如何處理與競爭對手的關係，對

想要發財致富的雙子們來説是非常重要的。

　　學會與人合作，雙子座人要懂得用別人的錢來賺錢。在財務學中，舉債被稱為「財務槓桿」。所謂槓桿，簡言之就是四兩撥千斤、以小搏大的工具。阿基米德曾説過：「給我一個支點，我可以將整個地球撬起。」延伸到財務槓桿上，可以這樣説：「借我足夠的錢，我可獲取天下財富。」雙子座的你剛開始創業時，需要的是最低成本的資金支持。而向親人借款，則是最低的創業「貸款」。比如有親朋好友在銀行裡存有定期的存款，這時你可以和他們協商借款，按照存款利率支付利息，並可以適當提高，這樣可以使你更快速的籌集到創業資金，親朋好友也可以得到比銀行略高的利息，可以説兩全其美。

巨蟹座
★請趕快將自己變成儲蓄族！

　　巨蟹座理財是屬於大方向型的，生活上不用為錢考慮的「難得糊塗」對巨蟹座的人來説，可以算是人生一

大樂事。巨蟹們花錢從來不喜歡太費大腦，情緒化的螃蟹想著有錢花就不要跟自己過不去，算計著過日子最讓巨蟹座人煩惱。不過花錢迷糊的巨蟹座人有時候也會問，為什麼自己還是不能奔上富裕路？巨蟹座要想成功理財，還是趕快把自己變成儲蓄族吧！

不是不想理財，而是太熱愛享受生活的巨蟹們不想自己麻煩。對充滿生活情調的巨蟹們來說，如果你給他們一個月的收支表或者是什麼理財規劃之類的工作，巨蟹座的理財實力就會展現出來了，下至柴米鹽，上至股票買空賣空，巨蟹座細緻的理財手腕會讓你不得不佩服。只是平常很情緒化的巨蟹座很少動用他們這方面的天分。所以巨蟹座人不能對自己的錢財那麼「冷落」，也要開始訂立自己的財富目標，快快奔上理財投資的道路才是。除了奢侈品讓人存不住錢之外，收入低、要支付生活費、稅收、醫療費、學費、車輛維修費等，也成了許多巨蟹們對於口袋空空的牢騷之言。不過，同樣要支付這些費用的富豪們卻沒有將這些作為存不下錢的藉口。總而言之，儲蓄還是不儲蓄，全看你自己。同樣的

道理，是想成為有錢人，還是想為錢所困，也全看你自己。是比他人先行一步，早早開始儲蓄和投資生涯，還是等存了更多的錢之後再開始投資？關於這個問題，巨蟹們應該好好衡量，盡早開始儲蓄和投資！

其次，巨蟹座的人要頂得住廣告的誘惑。廣告的威力無邊，受廣告影響而不顧錢包厚薄、衝動購物的巨蟹們比比皆是。巨蟹座是熱愛生活的人，富有吸引力的廣告就像吸水的海綿，緊緊抓住巨蟹們的錢包，誘使他們一古腦的衝動性消費。在職場環境中廝殺的巨蟹們很容易為了想要減輕壓力而被廣告牽著鼻子走，好爸爸、好媽媽楷模的巨蟹們，也常會不知不覺的把自己愛家愛孩子的特質動用在消費上。一旦廣告打動了他們的心，再多的錢巨蟹們也捨得花。所以，巨蟹們要轉向儲蓄族發展，首先就得頂得住廣告的「襲擊」。儲蓄了一段時間後，有了閒散的資金，巨蟹座人可以嘗試著投資，小試牛刀一下。選擇一個良好的時機，可以考慮購買國債、基金等風險較小的產品。比如說銀行進行了加息，在現在的加息情況下，可以優先考慮貨幣市場基金，它的風

險非常小，但是回報相對而言比較高。巨蟹們也可以考慮投資組合。比如你的資金的５０％或者８０％用以買貨幣基金，剩餘部分則一部分投入到股票裡面，一部分投入債券。一個好的基金組合可以讓你既享受到較好的收益，又可避免較高的風險。

獅子座

★投資應有主見，切莫人云亦云！

獅子座是個對財務蠻在意的星座，對於理財，他們很少馬馬虎虎。在人前是大哥、大姐角色的獅子座，在金錢方面小心翼翼的模樣令人難以想像，不論在多麼瘋狂的情況下，只要遇到錢，獅子座都會突然冷靜下來。獅子們總是堅守著有入才有出的理財原則，然而獅子座的投資方法總是主觀或者缺乏一定的專業性思考，顯得沒有主見，人云亦云。獅子們容易盲目輕信投資而擔了不少風險，有時候能逢凶化吉，但更多時候常常是花了冤枉錢。獅子們想要個人投資應該有自己的思考和想法。以下有幾點建議，對獅子們會很有幫助。

☆眼觀四面，耳聽八方，

　要有敏銳的市場眼光！

獅子座人要想靠投資賺錢就需要經常深入市場，瞭解價格訊息，瞭解市場的供需狀況，並關心國家的政策變化，有時還得關心國際的政治動向。市場價格千變萬化，不管是做常規生意還是買房、炒股、買基金等投資理財活動，如果沒有敏銳的市場眼光，那就只能靠碰運氣，靠道聽塗說解決問題。但誰都知道，靠碰運氣是非常危險的。所以你一定要訓練自己的市場眼光，不能人云亦云的聽從他人的意見，或者盲目主觀臆斷，這時候自信過頭反而傷財！

☆拋掉莫名其妙的自信樂觀，

　真正學會用錢去賺錢的技術！

不要為了錢去拚命工作，而要學會讓金錢為你拚命的去賺錢。獅子座的你要用心學會各種投資理財的相關知識，而不是聽了別人一點風吹草動就慷慨激昂的把錢投進去。獅子們很有上司才能，如果自己有能力當老闆，那當然是最好的；當自己沒有能力單獨當老闆時，

能與會投資的人合作當老闆也是不錯的選擇；當這種機會也沒有時，將自己的錢借給值得信賴的老闆按市場行情收取利息也是一條生財之道。當以上機會都沒有時，獅子們就可以學習選擇股票和基金投資。但不管選擇怎樣的投資方式，都是有技巧的，所以都要先「學會各種投資理財的相關知識」。

☆投資過程注意風險管理，

　　一定不能把本錢丟了！

透過炒股累積了不菲身家的沃倫・巴菲特，在談到自己的成功秘訣時說：「投資原則一：絕對不能把本錢丟了；投資原則二：一定要堅守投資原則一。」投資理財就要學會把資本投資到最有效率的地方，也就是說投資到回報率最高的地方。如何賺大錢？非常簡單，虧本不能虧到本錢的分上，這就是事業。倘若連本錢都保全不了，這樣的事業能堅持多久呢？新生代富豪們成功投資的基本原則有三：

【一】穩定性。

【二】回報率。

【三】周轉率。

這三者成功協調的程度決定了富人們賺錢的多少，最完美的效果就是三者步調一致。

處女座

★你不理財，財不理你，

　要努力精打細算！

處女座在金錢的處理上有一反常態的隨和，真是一件可喜可賀的事，對金錢的敏銳觸感，在收支平衡表上常常表現得十分優秀的處女座朋友，對錢很看得開。不過，你不理財，財不理你，處女座人還是不要把錢財看得這麼淡的好，最好將你的精打細算進行到底，才能走上科學理財路哦！精打細算並不就是斤斤計較，它是一種賺錢與省錢的學問，在賺取最大利潤的同時，減少不必要的開支。處女座的你學會了精打細算，才會更懂得對資金的尊重，該花一千絕不亂花一萬；學會精打細算，你才會想到要千方百計降低成本，去其糟粕，取其精華。學會精打細算你才能減少不必要的開支，開源節

流。以下有幾點建議，對處女座會很有幫助。

☆不要忘了儲蓄的威力！

處女座人花錢的時候，要先區分「投資」行為和「消費」行為，對錢看得淡並不是什麼超然和豁達的表現，收入頗高的處女座人最好每月先儲蓄３０％的薪資，剩下來的再進行消費。一般的處女座們都是先花錢，然後把消費的節餘部分用作儲蓄，或者乾脆就全部花光，這種缺乏財務計劃和財務目標的做法是不行的。處女座們若本著先儲蓄、再消費的原則執行自己的財務計劃，一旦機遇來臨，辛苦存下的錢便將成為你成功的起點。

☆先投資，再等待機會，

而不是等待機會再投資！

由於處女座的完美主義個性，使得其很難迅速抓住機會迎向財富大道，過分苛責的他們總是在等待絕佳的投資機會。拖延是理財失敗的主因，理財必須從年輕時就開始。時間就是金錢，處女座年輕時就投資，才有足夠的歲月，讓複利發揮出效果。處女座人應勇於冒險，

因為這時失敗的成本較低。

☆理財不是有錢人的專利！

有些處女座認為理財是有錢人的專利的，的確，沒有足夠的錢談何理財，但從複利公式中我們觀察到，影響未來財富最大的因素是資產報酬率的高低與投資時間的長短，而你現在有多少本錢對未來財富多寡的影響較小。「因小而不為乃大不幸」，處女座人那種等賺了大錢再去理財的想法是錯誤的。

☆投資自己，回報更大！

處女座是知性的星座，總是認真刻苦的處女座人很有學習的慾望。因此，處女座人的第一桶金，不妨拿來投資自己，在未來的人生當中，能夠獲得更多無形的回報。例如，參加適合自己的培訓班進修，以及如果條件允許就出國留學等。自然，給自己投資的管道是多種多樣的。在這個知識創造財富的時代，處女座人要捨得投資自己，有形知識和無形知識一起學習，知識和做人齊頭並進，這樣才能邁向成功的階梯。

記住，投資自己越多，日後獲利就越多！

天秤座

★你可以用人脈換取錢脈！

富有浪漫情調的天秤座，外形高雅、擅長交際，個性平易近人，具有迷人的性格，對和諧而愉快的生活環境十分珍惜，因此天秤們人緣一般都超好。

如果天秤座會存錢，那一定是他們有了什麼計劃，想要買一些什麼特別想要的東西。所以，當天秤們節省起來也是令人咋舌的。不過存夠了錢，天秤座倒是可能在一夕之內完全花光，而且一點兒都不心疼。因此，天秤座的錢有大進大出的傾向，不過是有計劃的花或存。在理財方面，天秤座人若是懂得用人脈換取源源不斷的財脈，絕對能取得很好的理財效果。

天秤座對生活是很認真的，對待儲蓄和投資，他們會花時間計劃和估算。只是，天秤座太善於打點自己，就容易失去很多好的致富機會。對於浪漫的天秤座人，理性分析似乎讓他們頭痛。現代社會，有人理財用錢生錢，有人則專營人脈圈，如果善於社交的天秤們願意多付點交際費當「學費」，隨之而來的是職位、薪水的提

升以及見識的增廣。天秤們不妨試試「人脈理財法」，也許會帶來奇蹟般的效果。

天秤們要懂得「內修工夫＋外營人脈」的重要性，在關係型社會裡，只靠工作賺錢的辦法已經顯得越來越不能應付日益增長的物質需求，人脈有時候比錢財更重要。儘管市面上理財書籍教的致富方法，大多是以投資工具為媒介，但積累資產的方法不止一種，有人懂得善用投資工具，大賺機會財；有人則專營人脈圈，內心修煉，懂得如何做人，如何博得別人的青睞。天秤們可憑著自身的浪漫氣質以及能言善辯的談吐，加上在人脈拓寬深入方面捨得下本錢，說不定你的財富之門就隨著人脈的寬廣而敞開。

天秤們要首先注重「內在修煉」，投資自己，才能贏得更為寬廣的人脈。理財專家也認為：投資在理財的時間愈長就表示投資在自己身上的時間愈短，而增加自己這個「人力資本」，如增加學歷、才能、提升工作技能與人際關係，比投資所得的利息更多。這個建議特別適合浪漫的天秤座，正逢職涯起步，最重要的是積累專

業知識與建立職場關係。天秤們與其算計一些蠅頭小利，倒不如將時間成本花在經營本業，如果工作表現好，陞官加薪也不遠了。

內修做到位了，天秤們就要開始慢慢外營人脈了。記住，與人結交，真心為貴。關係是一種長期投資，要細火慢燉，誰也算不準它將在何時才開花結果，天秤座的你要有心理準備，耐心等待職位、薪資等實質回饋。人脈的回饋會以各種形式展現在你的生涯中。天秤們或許不信，當你面對人生關卡、遭遇困境之際，往往能從好的人脈那兒得到指引和幫助。

天蠍座
★你有化腐朽為神奇的財運改造力！

天蠍座是一個不太會為金錢煩惱的星座，所以他們在花錢與賺錢之間都是屬於豪放型，絕大多數的天蠍們都是那種能賺會花的人。在天蠍座的理財字典中，常常翻不到「計劃」二字，總要到火燒眉毛了才開始有一點感覺。只是，他們幾乎都能毫髮無傷的渡過難關。別驚

訝，因為天蠍們具有化腐朽為神奇的財運改造力。

平日心機很重的天蠍座在財務上常常變得沒有心機，也常常會因為心情的起伏，而造成某些時候的揮霍無度，有些錢是怎麼沒有的他們也常常不知道，他們也懶得查證。天蠍座人最好養成按時記賬的習慣，因為幸福是「計劃」出來的，在困境時期，只有透過理財才能管理好自己的生活。

天蠍座的你要試著讓工作的腳步慢下來，並開始計劃你的財富生活，把每天花出去的、收進來的都記上一筆。記賬理財不僅避免了花錢大手大腳，而且還是走向正確理財的第一步。

天蠍們要隨機應變，相信理財貴在堅持的道理。天天泡在營業廳裡，盯著潮起潮落的大盤，聽著虛虛實實的小道消息，這樣「住套房」的可能性也就相對增加。天蠍們不僅要相信自己的判斷，不人云亦云，也要在投資過程中保持良好的心態，並且要改變炒股的思路，學學巴菲特的「投資不投機」的炒股法，將手中持有的股票調整為能源、交通等穩健型的潛力股，以享受國民經

濟增長帶來的升值收益。

趁股市回暖之際，選擇性的賣出一些成長性差的股票，更能化腐朽為神奇，改造你的財運。此外，接受新鮮事物快的天蠍座不妨突破「考慮風險多，考慮收益少」的傳統模式，適當進行一些風險性投資。比如炒股、炒金、炒期貨、購買房產等等，也可以選擇從銀行即能辦理的開放式基金、炒匯、分紅保險等投資品種。雖然當前的理財渠道越來越多，但對於眾多追求絕對穩健的天蠍們來說，他們首選的是銀行儲蓄、國債等利率較低但收益穩妥的投資方式。

因此，關於風險性投資的比重，可以參考國際理財專家推薦的「最佳投資公式」，即：風險類投資比率＝１００－年齡，比如你今年３５歲，則你購買開放式基金等風險投資的占比最高可以達到６５％；到了８０歲，風險投資則應控制在２０％以內。

天蠍們在理財中存有「從眾心理」，見大家都炒股，不管自己對股票是否瞭解也會一哄而上，全民皆「股」。比如一家公司推出一項高利集資，雖然不是公

開辦理，但其利率高達８％，並且很多人已經拿到了分紅收益，於是一傳十，十傳百，天蠍們在對公司經營缺乏瞭解的情況下也會爭相參加。

理財要有自信心，與其趨之若鶩盲目從眾，還不如相信自己具有改造財運的潛力，天蠍們應當經過分析和衡量，另闢蹊徑進行理財，不能盲目隨流，而是應結合自身的實際制定理財計劃，平心靜氣的理自己的財。

射手座

★跨國投資最適合你！

射手座是出了名的「散財大王」，然而一般都是為自己花錢，因為射手骨子裡是精明的，花在別人身上的錢，他們一般要看看交情、看未來發展之類的，有點利己主義，所以大手大腳的射手雖然花錢有點屬害，但是理財投資方面還是屬於保守的實力派。

對待金錢，射手們會深思再深思，有點十足的商人氣質，經濟利益核算得很迅速。其實射手座的你，如果多多做一些跨國間的投資，就更能把自己的財理好了！

　　射手們自由且富有探索欲，難以長時間專注於長線投資中，不妨選擇外匯投資手段。股票漲停當日最多贏利１０％，而外匯都可能翻倍，外匯投資幾乎永遠都有機會，因為匯率總在不停的變動，而變動就會產生收益，射手們天生就對變動著的事物有濃厚的探索情結。外匯儲蓄風險小、收益穩定，投資者平時無需花額外時間去打理，並且適合各年齡層次的投資者。在儲蓄存款品種中，外幣通知存款集流動性和收益性於一身，特別適合那些擁有一定數量閒置外幣的射手座。

　　射手們可以購買一些簡單結構的投資產品，投資風險小，投資收益卻能達到很好的利率水平。

　　射手們萬萬不可忘記儲蓄，從現在開始，養成有節制的消費習慣，設立一定的理財目標，並且按計劃進行儲蓄。雖然與其他方式的投資產品相比，儲蓄的收益較低，但是儲蓄是進行財富增值的基礎。建議射手座人進行各種投資時，保留一定比例的存款，以便在急於用錢或有新的投資機遇時，可以適時介入。

　　射手們要學著克制自己的慾望，根據自己的財務狀

況消費，不要以「散財大王」自居還洋洋得意！還有一點，射手座的人常常不知道自己的錢是怎麼花光了，所以常常銀根緊縮，日子時而瀟灑，時而淒慘。為了更好的進行理財，射手座人要開始記錄自己的財務生活，如果你想擁有財富，想成為一個大富豪，那麼記錄每天收支的重要性，無論怎麼形容都不過分。記錄自己日常收支的工作，其實是很簡單的，只要按照時間、花費、項目逐一登記，知道每一筆花費用在何處，再記錄清楚採取何種付款方式（如刷卡、付現或是借貸）就可以了。

有了這些基礎，射手們理財之路就順暢多了，聰明的射手們不擔心搞不定枯燥的財務知識，理財投資的過程中，關鍵要有恆心有毅力，那些跨國間的短期投資更適合懂得隨機應變的射手座！

摩羯座
★選擇獲利穩定的標的物！

摩羯座是崇尚所謂「遠景」的星座，在理財投資方面，他們計劃的不是當下的盈虧問題，而是在未來的數

十年中局勢會有多麼大的變動，或者這個行業能不能有所發展的長期規劃，所以對於務實的摩羯人來說，選擇獲利穩定的標的物是最重要的，因為這樣才會比較適合長期持有。

摩羯座重視現實，一般很懂得如何理財，懂得如何打點自己的金錢，然而對於投資的風險卻把握得不是特別好。一般而言，摩羯們投資的風險大都來自這三個方面：選錯投資標的物；選錯投資時機；選擇了很不穩定不適合長期持有的標的物。所以如果一個東西現在正風行，摩羯們可能已經打算好要進入下一個行業，去實現他們的理想，這樣看起來似乎很有長遠眼光，但是卻常常因為選錯了時機而導致虧損。所以，摩羯們在投資方面傾向於理想派，永遠致力於進步和實現下一個可能性，至於到底理想會不會實現，能不能大賺一筆，就看他們的靈感正不正確了。

摩羯們不僅要懂得選擇獲利穩定的標的物以降低風險，也要學會分散投資的技巧，從而達到長期投資的效益。馬克‧吐溫說的：「不要將所有的雞蛋放在同一個

籃子裡。」這種方法之所以具有降低風險的效果,是由於各投資標的間具有不會齊漲共跌的特性,即使齊漲共跌,其幅度也不會相同。

所以,當幾種投資組成一個投資組合時,其組合的投資報酬是個別投資的加權平均,因此,幾個高報酬的投資組合在一起,仍能維持高報酬,而且有時候一部分風險卻因個別投資間的漲跌作用而相互抵消。

此外,摩羯座在投資過程中,選擇的投資標的物的數量不宜太多。儘管隨著投資種類的增加,風險會下降,但當投資種類增加到一定程度時,風險下降的幅度會達到極限,而且管理成本也因此而上升。投資大師彼得曾指出:「投資股票就像生小孩一樣,如果沒有能力撫養,就別生太多。」因此,摩羯們不宜過度的分散投資,就算投資金額再大,也不要超過二十種股票。

精通理財的摩羯座也可以學習用投資組合的技巧來降低投資風險,達到更好的效果。組合中各投資標的齊跌共漲的現象越不明顯,甚至呈現相反走勢,則其分散風險的效果越好。例如,黃金價格的走勢與股價走勢不

相關，且通常股價下跌時，黃金價格有上漲的傾向，尤其遇到國際重大事故，如戰爭、政變、通貨膨脹時，導致股價大跌，黃金價格反而上漲。因此，對摩羯座人來說，同時投資黃金與股票就是一對比較好的組合。

若摩羯們僅以股票投資而言，此原則的運用就是選擇不同產業的股票。倘若你對大部分的投資都不精通，建議你還是分散投資的好。

只要你投資的標的物長期而言會上漲，如股票、房地產，那麼，靠其平均報酬便足以致富。

水瓶座
★你的創造力就是財富！

水瓶座的理想主義是無人能比的，但是理財世界的現實中，水瓶們財務知識的不及格，使得瓶子總是無法掌控自己的錢，常常一個不注意又落入了口袋空空的局面，實在是足以讓在他們身邊的人為他們捏一把冷汗。但是水瓶座人有著過人的大腦，非凡的創造力，對於不懂理財的瓶子來說，你的創造力就是最大的財富之源。

聰明過人，並且有銳利正確的觀察能力是水瓶們最引以為傲的優點。在工作上是創意十足的鬼靈精，再加上你散發出來的冷靜沉著和體諒別人的同情心，會很快的成為大家眼裡的好夥伴。靠智慧和創造力發達致富的水瓶座可謂是數不勝數，只要瓶子從事那些能發揮自己創造力和創意思維的工作，一般都有著不菲的收入，而且常常廣受上司和同事的喜歡。只是瓶子常常不會打理自己的錢財，所以最好讓父母或者另一半代為打理，或者找一個不錯的理財規劃師，幫助自己制定可行的財務運行計劃，水瓶座的你就只要照著實施就好。

雖說水瓶們憑著自己的才華和知識能創造不少報酬，但學會打點錢財還是相當重要的，所以瓶子不要再對自己的錢袋不放心上了，首先就要認識到儲蓄的重要性。儲蓄回報穩定，風險很低，不會大起大落，但是非常適合那種害怕風險，不期望什麼回報，只要生活平平淡淡就好的人。不過，儲蓄的收益率是很低的，如果每年一、兩個百分點的通貨膨脹率的話，儲蓄基本上是沒有什麼收益的。但是，儲蓄也有它的優點，對於正處

於資金原始積累階段的水瓶座來說，保守型的儲蓄投資是一個必經的投資理財步驟，有必要把１０％左右的資金存放在銀行。這些放在銀行裡的錢，就是你最堅強的後盾，一旦其他投資出現了意外的風險，這筆錢將會讓你有驚無險的渡過難關。

開始儲蓄以後，水瓶座的你不妨嘗試風險小的債券投資。債券有著和儲蓄類似的低風險、高保障性，同時又比儲蓄的回報率要高。因此，往往發行國債的時候，銀行門前排成長龍也就不足為奇了。但是，投資債券並非無風險，通貨膨脹和本幣貶值往往會使債券投資得不償失。所以，學會各個債券品種之間的合理搭配，會使你的投資既輕鬆又有很高的回報。

說了這麼久理財投資，其實對水瓶們來說，最最重要的投資便是自我投資、自我增值了。現在競爭比以前更激烈，並且多數人是靠「手藝」和「智慧」吃飯，個人「手藝」的高低將直接影響收入。炙手可熱的行業可能很快就會成為夕陽產業，如果還抱著「一技防身走天下」的觀念就會落伍。因為孕育財富的地方就在你的頭

腦當中，所以水瓶們要積極主動的把錢押在自己身上，提升自己各方面能力才是至關重要的。利用參加各種培訓、考取各種資格證書等形式提高自己的職業技能——這種「投資」實際上也是理財的表現。

雙魚座

★你的財運埋藏在團體裡！

雙魚座有孩童般的天真和勇氣，敏感溫柔的魚兒在財務這種有點複雜的東西上，常常需要一個可行的財務規劃來幫助他們找到理財的方向。而且感性的魚兒們不喜歡投資等費腦筋的「金錢遊戲」，信任別人的雙魚座是需要別人在財務處理方面給意見的，魚兒也知道自己平日閒散，所以在理財上他們會遵循前人留下的路徑，而不會自己去冒險闖蕩。魚兒們的財運往往就蘊藏在身邊的團體裡，比如自己工作的公司、單位等，所以雙魚座的你要動用自己的「環境感應器」，留心周圍的商機！以下有幾點建議，對雙魚座會很有幫助。

☆要「爭」錢，才能把蘊藏在團體裡的財運給

挖掘出來！

比如公司的節假日值班，工廠的假日加班，這時的工資往往是平時的多倍。所以你如果沒有特別的事，那麼一定不要放棄這難得的賺錢機會。此外，雙魚們要懂得合理的花錢，理性的花錢。現在各個商家的促銷手段越來越多，如果感性的你受他們的吸引導致不理性消費，那你賺得再多也沒有用。

☆雙魚座的你要學會「賺」錢！

要記住，僅靠工資賺錢是不能讓你變富的。只有利用錢滾錢，多學習金融知識，合理的儲蓄計劃，股票基金投資、收藏等各種投資渠道才能讓錢變得更多。喜歡藝術的雙魚座如果不懂股票基金，可以進行藝術品收藏。將買進的藝術品進行分類，對於目前有地區差價的一部分立即運往其他地方拋出，而將一部分價格已比較足的留下「養起來」，等到有利可圖時再出售。這兩種方式靈活交替運用，可以兼得兩種經營方式的好處。「養大的」藝術品既可以在本地拋，也可以賣到其他地區。魚兒們收藏投資時，要好好分析自己持有的藝術

品，交替使用多種方式進行選擇性的投資。此外，對多數文化程度高、平時忙事業疏於理財的魚兒們來說，比較適合購買開放式基金，這樣不僅投資收益會高於銀行儲蓄，而且也免於自己費腦筋。魚兒們購買運作穩健的開放式基金，能夠實現讓專家替你理財，進而坐收漁人之利的目的。另外，債券、房產，以及正規的信託產品和委託理財也是魚兒們促進資產增值的良好渠道。

雙魚座常跟團體或者家人一起投資理財，這樣可以彌補他們天生缺乏計劃性的缺點，也可以學習為自己的未來有所規劃。如果當地的房價值適中，房產具有一定增值潛力，可以和家人合力購買一間新房或二手房，節省了租房的開支，還可以享受房產升值帶來的收益，可謂一舉兩得。另外，每月拿出一定數額的資金進行購買國債、開放式基金等投資的辦法也值得魚兒們採用。

第六章

不同屬性星座，不同性格缺點！

查漏補缺，讓自己**無懈可擊**！

　　將星座按火、土、風、水分為四類，火象星座精力
充沛，感情奔放激烈，有十足的行動力；土象星座的人
透過感官理解世界，憑著視、聽、味、嗅和觸覺的經驗
判斷；風象星座的人是藉思考理解世界，像風一樣變幻
莫測；水象星座的人靠著感受理解世界，情感一直是他
們生活中最優先的考量。四象星座人，你是哪一象？你
的性格落下哪些「課」？不同屬性星座的人又有著不同
的缺陷，查漏補缺，為性格的缺點來補補課，讓自己無
懈可擊！

火象星座

★你不是宇宙的中心！

火象星星座包括：白羊座、獅子座、射手座。

精力充沛，感情奔放激烈，有十足的行動力，但來得快去得也快，有時較草率和粗心。

「火」是可以燃燒的元素，若是從科學的角度來看，火是一種特技產生光與熱的化學現象，在氧化的過程中同時挾帶大量的能量。宇宙星體中的太陽就是這樣一顆燃燒的大火球，不斷放射出它的光能。然而火象星座的人要知道，你並非真的是宇宙的中心，想讓自己的事業和人際方面更上一層樓，你還得再修煉一下。

「火」同時具有正反兩面的含義，代表著強烈的情感或表達方式。雖然在人的日常生活中常會使用到火，但是火卻是最不穩定、必須小心控制才能使用的一個元素。火象星座人靠著直覺理解世界，抱著賭一賭的心態，喜歡憑著預感行事。他們寧可聽引擎聲決定如何飛行也不想看地圖，這說明了他們令人興奮且不穩定的性格特質。

　　火象星座的人不需要別人告訴他們該怎麼做或怎麼讀一本書，他們自己清楚得很。除非是他們自己感到懷疑，否則他們的第六感很少出錯。所以火象星座的人依照最初的一股衝動做事，反而比想得很多來得好一些。

　　火象星座的人自我意識很強，有些人批評他們太過於自我為中心。不過，也許是因為前進得太快，來不及縱容自己，所以他們還不至於過度自我放縱。當別人在公眾場合表達出佔有慾或做出親密的舉動時，可能會讓他們感到厭惡。火象星座的人自我感覺強烈，而且和多數風象星座的人一樣，熱情高於細緻的感受能力，因此衝動的特質，常常導致意外發生。

　　他們性急而且脾氣經常一觸即發，雖然行事反覆無常、難以預測，不過倒是很能適應嚴密的工作形態。另外，他們是極為忠誠和熱心的家庭成員，遇到不能解決的問題，也能夠誠實面對。

　　☆固定：火象的的白羊座

　　對於學習技藝或成為上司者感興趣，個性比較孩子氣、任性、衝動，總是喜歡引起別人的注意同時又缺乏

耐性，想到什麼就做什麼，並且生性叛逆，不喜歡受限制，一貫的行事風格是：只要我喜歡有什麼不可以。整體來說，白羊座大多是急性子、熱情的人。羊兒如果不那麼自我主義，熱情的他們還是很受歡迎的。

☆本位：火象的獅子座

就像它的主宰星體太陽一樣，散發著穩定的光芒。如果說白羊座是失去控制的火，那麼獅子座便是控制得當的火。獅子座的個性溫暖而富創意，並且瞧不起卑鄙和卑微的行為。他們尊貴高昂的王者姿態，就像森林之王的獅子一樣。可靠、勇敢和堅忍不拔的精神是他們明顯的特質。但是獅子座人愛聽誇耀，以自我為中心，常常不考慮他人感受，也是值得注意的缺點。

☆變動：火象的射手座

通常被描繪成一位張著弓瞄準獵物的弓箭手，但事實上他們所追尋的不是獵物，而是更高的哲學性目標。射手座是一個多變的星座，舉止不按牌理出牌、理想色彩濃厚、將榮譽感擺在第一位，熱愛自由的射手們常常讓人無法適應，射手座人要告訴自己，你不是宇宙的中

心，所以不要讓別人老是圍著你轉動！

土象星座

★不快一點，機會就會跑掉！

「土」是屬於固態的元素，和土相關的事物和含義有很多，比如地球，以及孕育萬物的大地。

土象星座包括金牛座、處女座、摩羯座。

土象星座的人透過感官理解世界，憑著視、聽、味、嗅和觸覺的經驗判斷事物。土的狀態相當穩定且不易改變，土象星座的人擅長等待和忍耐，然而卻不懂得當機立斷、抓住難得的機遇，因為不快點做出決定，機會就會溜走。

土象星座除了以上的特質，面臨敵手和挑戰時，除了深呼吸積極策劃之外，還能在最恰當的時機全力出擊。不過，他們也會一再的拖延，導致自己喪失良機。因此耐性雖然是優點，但若成為「不付諸行動」的藉口，反倒會成了缺點。

雖然土象星座的人常被認為遲緩、保守，但因為能

謹慎的善用時間，且避免一件事重複做兩次的本事，往往可能讓他們像龜兔賽跑中的烏龜一樣，率先抵達終點。對他們來說，有形的實體要比夢想或幻想有意義，而且他們大多是獨裁者，奉行著「看得見的才是真正的成果」這種的工作信念。

☆固定：土象的金牛座

象徵人性中最堅定不移的特質，他們拒絕改變心意、絕不讓步、頑固到極點。可是因為牛牛們也渴望和諧，所以又不是完全不可溝通。

另外，金牛座具有生育和養育的特徵，常和繁衍有關的迪米特女神、吉亞女神和大地、母性等字眼聯繫在一起。他們偏愛感官美，充分顯露了主宰行星金星的特質。牛牛行事嚴謹緩慢，堅定不移，踏實本分固然是優點，但是有時候太過計較反而會顯得有點缺乏靈活性，牛牛們要懂得靈活應變，不快一點，擺在眼前的成功機會可是會稍縱即逝的。

☆本位：土象的摩羯座

最單純、基本的形態，所以偏重實質和具體化。雖

然對於許多人世間的事物都興趣濃厚，例如金錢、性愛、權力等等。但是他們其實具有多面特質，很難界定什麼才是摩羯座的典型。摩羯座有很好的審美觀，野心大但充滿靈性，但也注重現實，是學術和理論派。摩羯座有著自己的一套原則體系，他們不輕易聽從別人，由於自我意識強烈，感官慾望高於熱情，因此很能享受身體上的接觸，而且發展出極為敏銳的觸覺。

大多數的土象星座寧可親自動手或自給自足，也不願意尋求他人的協助，摩羯們更是如此，單槍匹馬很厲害，但是機會可不會為了你停住腳步的。

☆變動：土象的處女座

土象特質較不明顯的一個。由於受到主宰行星水星的影響，處女座的人較有彈性、注重精神和心理層面。機靈、擅長分析的能力，看起來似乎不像是土象星座該有的特點；但事實上，他們仍相當獨立、穩定，且樂於服務他人。

對於感官的慾望，他們的態度多半是隱藏或選擇性的透露，另外他們極端的獨斷，常常只以結果作為判斷

依據。精益求精、求全責備的等待好時機，是處女座的行事作風，但是也因此錯失了無數個可以到達成功的機緣。

風象星座

★不掌控情緒，你將很難成功！

水瓶座、天秤座、雙子座和的象徵符號，分別是雙胞胎、天秤和倒水侍者，這三個象徵符號和空氣並沒有太大的關聯，而是象徵著從空氣延伸出來的意思——知變通、聰明伶俐。

風象星座的三個星座，皆具有理性的象徵。因此，整體風象星座特質的關鍵字有：友誼、和平、聰明、知識、飄動、表層、觀念、思考和口才等。同時，風象星座是溝通和整合的象徵，但風象星座也有個缺點，就是太過情緒化。

風象星座的人是藉由思考理解世界。對他們而言，無形的思想和概念似乎比有形的實體更為實在，因此通常都帶有一些理想色彩。由於過分注重遠景和情勢發

展，反而可能困在自己推理的陷阱中走不出來。

風象星座的頻率正好對著感官世界，所以哪怕是一點點的聲音、味道和嗅覺，都可能讓他們倍感困擾。風象星座的人也許不是聰明絕頂，但是口才不錯。風象星座的人雖然樂觀，但也僅止於快樂、持樂觀主義罷了，他們同時也具有非常消極、愛批評的一面。

情緒變化如風一般，是風象星座人的特徵。風象星座的人常常表現出情緒化和多愁善感的一面，但他們超然的外表下往往潛藏著狂熱的情感。

☆固定：風象的水瓶座

受有「破壞者」之稱的天王星所主宰，再強勁的敵手，都無法擊倒強而有力的天王星，因此水瓶們喜歡打破砂鍋問到底。他們聰明伶俐，不按牌理出牌，喜歡自由的生活方式，追求客觀、科學的宇宙真理，對於新世紀和人類未來發展充滿期待。對事物的悟性很高，但也忘得快。而且他們不會記恨很久，或是會在一段折磨人的關係（尤其是愛情）中糾纏很久，無可否認的，風象星座的確是行事自然、不造作的人。然而水瓶也因為受

風象的影響，心情波動大，瓶子們要學會掌控自己的情緒，這樣會更容易獲得幸福人生。

☆本位：風象的天秤座

天秤座呈現最基本、單純的形態。他們見解獨到，而且喜歡參與群體活動，建立良好的人際和社會關係，他們相當在意與他人的互動，尤其是婚姻和夥伴之間的關係。因為受金星主宰，所以審美觀和感知力也極為突出，尤其喜歡造型漂亮的東西。

由於和諧對於天秤座來說十分重要，所以他們常常仔細比較、評估，只為了找到一個平衡點。天秤們如果發怒會是相當暴躁的，所以要試著控制自己的脾氣，不要隨便爆發才是。

☆變動：風象的雙子座

雙子座在占星學上，是最多變的一個星座。大部分的時間他們都投注在研究細節、事實以及與他人的溝通上。雙子座的主宰行星是水星，水星的命名源自於希臘神話中的麥丘裡使者，他是個長有翅膀的信差，飛翔的路徑跨越了天空，這正點出了雙子座的特質。

雙子座的象徵符號是一對雙胞胎，這代表雙子座的雙重個性和急於尋找另一半的特點，也決定了自己的雙重性格。很少有雙子座覺得自己是完整的個體，於是他們努力尋找一個互相瞭解，有共同的思想、推理能力、表達方式的人。雙子座人要避免太過情緒多變，試著克制自己的多重性格，以免身邊的人對你摸不著頭緒！

水象星座

★苛求計較，你會失去更多！

水象星座包括巨蟹座、天蠍座和雙魚座，分別以螃蟹、蠍子和魚作為象徵符號。這三種動物不是生長在隱密的地方，就是在水邊或水底生活，由此也可以看出這三個星座特殊的傾向和特質。

水象星座的感官慾望幾乎和土象星座一樣強烈，不過，相較於土象星座，他們比較能自然流露，可是要謹防過度或太過苛求。水象星座的人通常用情很深，尤其是對於愛情，很難抱超然的態度。水象星座人要懂得，過分苛責、計較，會讓你失去的可能更多。水象星座的

人靠著感受理解世界。情感一直是他們生活中最優先的考量。大多數水象星座的人都很有同情心和同理心，因此當別人沒有以此相待時，他們便會覺得受到傷害。他們對於別人的批評和反對都相當敏感，經常在對方還沒表明前就已經感受到了。

水象星座的人天生就能感覺到別人的需求，同時也是很好的說客，他們能夠察言觀色，引導別人聽取自己的意見。深沉的水象星座通常是個認真、感情豐富的人，幽默對於水象星座的人尤具意義，這不但可以讓他們整個人開朗起來，也可以消除他們與他人的隔閡。雖然水象星座親近的朋友不多，但他們還是喜歡和別人聚在一起，享受親密的氣氛。

☆本位：水象的巨蟹座

巨蟹座很重視感情，善於保護自己和他人，就像螃蟹一樣，總是尋找一個隱秘的的方居住，對於外人的侵入十分敏感。此外，他們的侵略性很強，常會以迅雷不及掩耳的速度主動出擊。巨蟹座的主宰行星——月亮，不僅控制著潮汐變化，也深刻的影響人的情感。月亮與

螃蟹的特質都點出了巨蟹座缺乏自覺的生命形態。對感情認真，很容易深陷其中的巨蟹座常飽受胡思亂想的苦，他們總是做這種什麼也沒說出來，自己卻已經像被甩了一千次的事情。巨蟹們要學著用超脫的心看待感情。

☆固定：水象的天蠍座

最能展現水的力量，而且有效掌控的天蠍們大都目標明確，並且清楚如何才能達到目的。雖然他們是相當群體化、善於社交的星座，卻很有自我主張。由冥王星所主宰的天蠍座看起來十分性感，而且具有火山般的無窮精力。同時，他們的佔有慾很強，無論如何都不會將已經到手的東西放掉，這樣讓會人很難以適應。當天蠍們在受到侵擾時，會突然的無情反擊。天蠍們要抑制自己的控制欲，不要苛求太多。

☆變動：水象的雙魚座

雙魚座內斂和深奧的態度是他們最大的魅力。信仰與靈性對於情感豐富、感性的他們來說十分重要，就像魚生活在水底一樣，他們的情感極為深沉。另外，由於

受到海王星主宰，雙魚座就像廣大無邊的海洋一樣，希望溶化所有的事物。同時，用情至深的魚兒很容易受到感情的衝擊，感應能力極強的他們常常在別人什麼也沒表示的情況下感受到被冷落的感覺，所以魚兒們看待愛情是神聖的，是不容侵犯的，沒有預想中愛情，他們很難讓自己恢復生氣。魚兒們應當理智看待感情，不要迷失了自我。

第七章

打在性格上的紅色烙印！

血液，輸送的不是營養，而是性格！

　　也許你認為流淌在你身體內的紅色液體只是輸送著營養，那你絕對還沒瞭解血型的智慧。這些 A、B、O、A B 血型因子不僅跟基因一樣，在你的性格上打下不可磨滅的印記，而且它就潛藏在你的身體裡，決定著你與眾不同的思維方式，是主宰著你思維的紅衣主教。

　　智慧從這裡起航大千世界，沒有相同的葉子，更沒有具有相同性格的人。究竟是什麼操縱著人們迥異的思維和行為？你的命運和性格究竟跟什麼息息相關？你的思維、性格到底是被什麼操縱著？現在開始起航智慧之旅，我們將帶你走進一個奇妙的聖殿，告訴你血型的神祕力量，教你如何科學的運用這些知識，幫助你瞭解人性、順應人性、改造人生。

血型 A

◆誰也敵不過你的「小算盤」！

如果你是Ａ型的人，你會發現自己似乎從幼年開始就有了一把特殊的「小算盤」，這把小算盤讓你忍不住對人對己都有種精益求精的情緒在裡面。

如果你身邊有Ａ型的朋友，你可能被他或她的完美主義嚇壞的同時，也會對他們的深思熟慮、思考周全而欽佩不已。這就是Ａ型的人，溫和老實的外表下潛藏著追求完美、多疑多慮的內心。比起精打細算、謹小慎微，沒人敵得過Ａ型人的「小算盤」！

他們總給人溫和謙遜、富有人情味的感覺，也有很多優秀的性格氣質。他們踏實誠懇，努力向上有很多優點：辦事一絲不苟，能勝任需要周密思考的工作；集體意識強，富有合作精神；尊重社會規則，具有很強的倫理感和潔身自好的意識；踏實穩重，做事謹慎，從來不做越軌的事情；具有很強的忍耐力及犧牲精神，有強烈的責任感、義務感和使命感；喜歡安定的生活，十分重視家庭生活，將美滿生活當做人生的追求；循規蹈矩，

自制力強，而且能夠很融洽的與別人相處，為人體貼等。然而，說起他們最顯著的特點，便是那把善於思考和測算的「小算盤」。正是這把善於思量的「小算盤」，使得他們不論在事業上還是日常生活中，總是會有高人一籌的周全和穩妥。

在奮鬥事業的時候，總是深思熟慮、精打細算，他們步步為營、考慮周全，會為未來各種情況做多手準備，再加上其善於計劃、踏實穩重的性格，所以常常能規避其他人不能考慮的潛在風險，做到「防患於未然」。

因此，完美主義、精益求精的傾向形成了認真向上、不斷進取的性格，所以他們往往能敏銳的把握成功的機遇，感知各種發展變化，一旦目標和方向確定，則會比其他血型的人更具有穩健的根基和發展的眼光，依靠自己的聰明才智和精益求精的個性而一步步走向成功。

A型人的「小算盤」不僅僅在事業發展上發揮著作用，對於人生，也比其他血型的人有著更多的思考。他

們對於自己的人生、未來發展，總是會時常思量，時時反省，以希望自己的人生更有價值、有意義。但是具體到某個工作或者事情上時，他們事無鉅細的「算」卻是無人能敵的。他們積極投身於生活的熱情，精益求精的品質總能鼓舞別人為目標奮進。他們絕對不會拖拖拉拉，絕對不會事到臨頭再去想辦法，未雨綢繆、精打細算，凡事富有計劃性是他們的特點，他們會分析影響事情的各種因素，預測事情發展的多種可能，讓人感受到一種積極的態度。然而很多時候，他們的這種樂此不疲的「算」卻會使得周圍的人哭笑不得，弄得不好，還會被貼上求全責備、斤斤計較的不良標籤。他們仍會敏感的注意生活中的每一個細節以及可能出現的情況，並做好預防準備，力求完美，每一件小事都要做到萬無一失。所以，當你看到一個 A 型的人打著小算盤「雞蛋裡挑骨頭」的時候，別驚訝，這就是他們的本性！

血型 B

◆限制我自由，不如拿走我生命！

　　自由至上的 B 型，是天生的行動派。不難發現，喜歡計劃，事無鉅細，把週末生活都規劃打點好後才能安心的是 A 型的人；突發奇想，馬上收拾東西打包旅行的肯定就是 B 型的人了。

　　「若為自由故，二者皆可拋。」對於 B 型的人來說，這句話可以説是他們人生的寫照。超然的他們，自由絕對是其奉為圭臬的最高追求。B 型的人愛好自由，開朗樂觀，不拘小節，愛熱鬧善於社交。他們給人第一印象多半是個性爽朗，誠懇大方，愛説話。喜動不喜靜是他們最大的特點，所以在團體中總是受歡迎和注目的對象。他們對人誠懇，沒心眼，心腸軟，有同情心，非常喜歡熱鬧。

　　B 型的人自我肯定意識很強，所以常會推翻別人的意見，但往往沒有惡意。他們是行動家，全憑直覺及印象，容易不顧一切的蠻幹下去，不求結果，只在乎過程，極為重視現在，相信把握現在才能擁有將來。

　　自由灑脱的 B 型頭腦靈活，説話幽默，他們自由、無拘無束的風格常常能感染身邊的人。而且他們大都對

變幻著的大千世界非常感興趣，所以對各種事物的認識和分析能力都明顯的強於其他血型的人。說起話來，常常不管對方愛聽不愛聽、想聽不想聽，只顧自己一口氣講下去。

他們話題豐富，讓其他人都忍不住參與進來，暢快的和他們一起侃侃而談。仔細觀察一下你周圍的朋友，那些被大家公認為「開心果」的人大都是 B 型，他們好動愛笑，幽默感強。自由的基因給了 B 型的人靈敏的思維，他們想問題一般都比較大膽，敢於突破常規，不拘泥於傳統和習慣。再加上對所有事物都有著孩子般的好奇心，使得他們大都性格開朗，興趣廣泛，天生善於交際；為人誠實，不會撒謊；對所有人都一視同仁，不存偏見；做事乾淨利落，判斷迅速，熱心於工作，在逆境中能夠表現出堅強的毅力等。這些都是 B 型人內心自由因子的神奇作用。

然而，自由隨意的性格，常常會使人覺得他們「沒心沒肺」，這一點和 A 型血的人截然相反。A 型的人在決定做什麼事時，先會摸清對方的情況，深思熟慮，瞭

解到對方的心理意圖後，再決定採取什麼樣的策略來行動；而B型的人卻不會這樣。

也許正是出於內心對自由的追求和嚮往，他們總是能懷著一顆雄心去改變現狀，所有B型的成功人士多半具有強烈的成功動力。他們或許會因為做事超越傳統條框的羈絆，常常做出一些被別人認為「驚世駭俗」的事情來，同時也更容易給人一種好高騖遠、高談闊論、大咧咧的感覺。不過熱愛生活的他們，總是充滿著積極向上的動力，只要他們對事情有了興趣，便會專注的為之付出熱情和精力，崇尚自由就是他們的標籤。

血型O
◆別跟我談什麼無聊的幻想！

被稱為「萬能血型」的O型是經典的現實主義，這種血型的人性格中最突出的特點就是「現實」。別跟他們談什麼無聊的幻想，因為在O型人的字典裡沒有幻想，一切從實際出發，實事求是才是他們的唯一標準。

O型的人則最容易直接表現出其與現實有關的各種

願望，他們有膽識，一旦確定的目標，就能向著目標直奔，為了達到目標而堅持不懈。但是O型的人都是腳踏實地的，他們不會信口吹噓，不會好高騖遠，在生活中，他們也會根據自己的實際情況，譬如素質水準、工作能力、所處的生活環境等各方面的條件因素，綜合考慮之後，實事求是的做出選擇，制定目標，找準自己的位置，按著既定目標，腳踏實地的走向成功。

注重「實用性」的O型人總是目的明確，他們不會把目標建立在不切實際的空想之上，而是在綜合考慮了各方因素之後，確立一個可行的、有前景的目標以及實現目標的途徑。他們絕對不會打「沒有把握的仗」，沒有目標絕對不會貿然行動。而O型人的目標也很現實，「有用性」和「實用性」是他們判斷事情是否值得一做的標尺。他們做事能夠集中注意力，面對問題冷靜果斷，拒絕教條的束縛，從不高談闊論，在做事的過程中注重實際執行的措施、辦法。他們辦事時，給對方的訊息十分明確，直接而簡單，不與對方說多餘的話，幾乎不進行感情交流。相比較其他血型來說，O型人更容易

成為公眾偶像，這是由於他們身上具備由內而外發出的自信、專注的氣質。而且，樂觀、豁達、持之以恆的精神和開拓精神也在他們身上展露無遺，他們大多數人都具備成功者的獨特潛質。

O型的人善於從實際出發，並且不斷的進取、奮鬥、解決問題，所以，他們常常放射出無意但相當自然的耀眼光芒。德國第一號賽車手舒馬赫就是O型的一個典型代表。當他駕駛賽車以每小時３１０公里的速度猛然撞上前方用輪胎砌成的防撞欄之後，他只是說：「情況可以比這更糟，但不管怎樣，人必須繼續生存。」務實努力、不安於現狀又是O型人另一個重要特點，他們永遠在前進，總是時刻關注著生活中的現實，並根據現實的變化來更改自己的策略和行動，全身心的投入其中直到實現自己的目標。

相對於其他血型來說，O型的人更容易出實幹家、企業家等，而很少出各種理論大師。這些都是他們一切從實際出發、注重實際的結果，而也正是骨子裡深藏著的現實主義，讓眾多O型人能夠憑著腳踏實地、堅定、

執著最終敲開成功的大門。

O型的人也是最追求效率的一類人，他們不喜歡被過多繁文縟節所牽絆，喜歡直來直往，因為這樣更加節省時間，也更加富有效率。跟他們打交道的時候，你最好是有什麼說什麼，不需要那些沒必要的客套和謙虛，否則，他們反而會認為你虛偽或者試圖推脫。實事求是的O型人似乎從來不會茫然，他們總是那麼鎮定、客觀，他們認為，耽於幻想則意味著一無所有，「臨淵羨魚，不如退而結網」，所以記住，不要跟O型人談幻想！

血型ＡＢ
◆相安無事才是最佳狀態！

ＡＢ血型是一種血型的混合形式，也是一種全新的性格結構。相對喜好競爭和發展的O型，ＡＢ血型的他們不喜歡競爭，更討厭為了個人利益發生衝突。講究社會規則和社會常識的他們，認為相安無事便是最佳狀態。他們期盼生活上最低限度的安定與和諧，待人接

物、與人交往的過程中，ＡＢ型很希望為自己塑造一個柔軟通融的形象。

ＡＢ型的男性給人很優雅的感覺，但是卻有點缺乏男子氣概；而ＡＢ型的女性卻顯得溫柔賢惠，給人恬靜淡雅的感覺。而且，ＡＢ型的人在待人接物方面出類拔萃擅長自我表現，而且喜歡和諧安定的他們，常常不自覺的充當了協調矛盾關係的樞紐，他們開化豁達，顯得不那麼斤斤計較，因為ＡＢ型對安定、與世無爭的生活懷有渴望和嚮往。

不喜歡捲入是非的他們很懂得與人保持距離，因為懼怕受牽連，所以他們不論是對人還是對事，總是不過深入參與和介入其中。溫和可親、很會為人的他們，總是給人很明事理的印象，他們能夠正確客觀的看待問題，常常能站在「第三人」的角度上公平的說理。然而由於其待人接物總是保持著特定的距離，也容易給人「冷酷」的感覺。

ＡＢ型的人總是會給自己的人際關係網絡裡畫上各種「警戒線」，一般不喜歡人們「越界」跟自己特別親

近，這樣反而會讓他們很不舒服。

　　與其他血型不同的是，ＡＢ型的人從來都是有意識的參加各類社會活動。在社會中，他們渴望獲得成功的機會和工作崗位，然而卻不會像Ｏ型血人一樣，對個人發展和進步懷有強大的競爭意識。

　　ＡＢ型的人一般只是為了得到夢寐已久的安定生活，對於權力和發展前途沒有無限的慾望。常常看到很多有才華的ＡＢ型女子，不管曾經在事業上多麼成功，當她成為家庭主婦之後，就會習慣安定的生活並且以之為樂。爭執、吵鬧這些事情絕對不會發生在ＡＢ型身上，因為熱愛安定和諧狀態的他們，絕對不會為了一點小事把關係鬧僵，不管對方有多麼不明事理，他們都只是一笑而過，淡然處之。因為在他們心裡，多一事不如少一事，相安無事才是最好的狀態，與其大動干戈，還不如自己退一步海闊天空。所以ＡＢ型不僅不會跟人發生口角，而且常常是「和事佬」一族，他們很會站在「旁觀者」的角度來分析複雜的矛盾關係，也就更容易和解那些處於歇斯底里狀態中爭執的人們相處。

　　理智、客觀的考慮問題是他們一個顯著的特點，正是因為理性，所以他們絕對不會衝動行事。遇到棘手問題就「狗急跳牆」「怒氣衝天」的絕對不會是ＡＢ型的人。他們不管有多生氣，都會把問題理智的分析考慮一遍，「三思而後行」。

　　所以相對其他血型，ＡＢ型的忍耐力和承受能力較強，他們不會因為別人的某些不友好的舉動而莽撞回擊，因為兩敗俱傷絕對不是他們想要的結果。

　　在他們眼中，就算把對方擊敗讓對方難堪，自己也沒多什麼，也沒贏什麼，傷了和氣反而吃虧，還給人留下小肚雞腸的印象。所以面對不快的場合，他們絕對會忍，而且還是淡淡的一笑，給人無懈可擊的「冷酷」之感。

第八章

你們是天生**搭檔**，還是宿命的**對手**？

俗話說，「酒逢知己千杯少，話不投機半句多。」兩個性格相投的人在一起，總會有「相見恨晚」的感覺；而有些人碰到一起卻互相看不對眼，這就是所謂的「緣份」。其實，兩個人是否投緣，是由性格決定的，而血型掌控著決定人性格的密碼。這一章，我們就逐個組合分析一下，各種不同血型的人在一起會摩擦出怎樣的火花。看看你／妳與她／他，是天生的搭檔，還是宿命的對手？

Ａ型和Ａ型

◆搖搖欲墜的組合！

很多Ａ型與Ａ型儘管起初關係很好，但漸漸的矛盾會尖銳起來，最後鬧得不可開交。這跟接觸時間的長短未必有關，而是血型的性格密碼，決定了這對組合時刻「潛伏危機」，這是一對「搖搖欲墜」的同型組合。

由於性格的相同，一般來說，Ａ型和Ａ型的人初識的時候，如同一對心有靈犀，不需要語言來溝通的朋友。在開始接觸之後，他們也會很容易發現對方身上有自己所喜歡的特質，並且會在交談中發現談話投機，很容易進行下去。所以起初Ａ型同伴的關係都會比較好，而且如果人際距離處理適當，一般可以成為默契的好友。

Ａ型的人十分敏感，他們在談話的時候特別注意周圍人的反應，當兩個Ａ型的人在一起的時候，他們都是對方的最佳傾聽者，Ａ型和Ａ型大概是最能瞭解對方的組合。同樣的血型，使他們在感觸上以及對事物的反應方法上，最易產生共鳴和同感。Ａ型的人大多善於控制

自己，在與人相處的時候，往往十分注重默默觀察。這種特性使Ａ型同伴能夠相互深刻、仔細的瞭解對方。由於雙方又都崇尚團體榮譽，所以在共同的行動中，他們可以相互幫助、密切配合，很容易上升為同感之愛和同道之愛。然而Ａ型的人並不是擅長人際關係的人，特別是和陌生人交往的時候，他們一般都沒有積極主動的去拓展關係的意願。所以他們在與人交往時，都比較注意對方的情緒和反應。天性謹慎、精打細算的兩個Ａ型人碰在一起，起初可能因為想法相似而產生共鳴，但是隨著交往深入，不愉快的爭執和責難屢屢發生，很可能互相抱怨指責，但是兩人表面還是會力求禮貌。可以說，他們之間雖然容易相處愉快，但也是潛伏著危機的。Ａ型的人屬於完美主義者，當兩個完美主義者在一起的時候，又必然會使得這一同型的組合極易發生爭論。

每個Ａ型的人都有自己的辦事準則，倘若這些準則不相吻合，便會出現挫傷對方的情形，使兩人之間爭吵不斷。比如，兩人在進行學術性討論，或者是對某一事物、某一行動方針進行討論時，極易發生爭論。

A型的人一般比較容易掩藏自己的個人光芒，但是他們在發表個人意見時，又是最沒有妥協性、最固執的。由於兩個人性格太相似了，所以很多時候，本來只是一點小小的抱怨，兩個人碰在一起卻越演越烈。

這對搖搖欲墜的組合，在交往的過程中最好還是保持適當的距離，否則到最後很可能因為互相受不了對方而翻臉。兩人在一起時，應當互相尊重彼此的意見，勇於承認自己的過失和不足，適當控制自己的完美主義傾向，當出現問題時，應少一些責難和抱怨，這樣可以減少一些不愉快。如果A型和A型不得不在一起工作的時候，應盡可能的避免爭論。有個有效的辦法提供給你們：明確的分工和合作，也就是在共同的目標下，盡可能使各人分擔的工作和任務錯開。彼此分擔的工作不同，即使一起討論也不會產生很大的分歧。實在無法避免時，最好有第三者出面調停。

A型和B型

◆一見鍾情的吸引力！

　　Ａ型和Ｂ型的碰撞，周圍往往充滿著不可思議的巨大磁場。Ａ型的精明能幹、謹慎處事的穩重性格，在Ｂ型人眼中極富吸引力；而嚮往自由、事事喜歡探索的浪漫Ｂ型在顯得相對刻板的Ａ型人眼中，又是那麼的可愛有趣。總之，Ａ型和Ｂ型的組合，是一見鍾情的吸引力。在人際交往方面，Ａ型的人往往屬於不是很善於交流和表現自己的類型，他們往往很善於察言觀色，交往過程中對別人的情緒反應關注較多，內心深沉。而生活無拘無束的Ｂ型人總是那麼熱情洋溢，善於交談的他們總是馬不停蹄的說著各種有趣的話題。他們興趣廣泛，思維猶如天馬行空，說起話來幽默生動，這讓Ａ型人很容易被其開朗大方的言行所吸引。

　　不管是同性還是異性，Ａ型對外向好動的Ｂ型第一印象都很好。而且思維有點對立的他們，往往會在其中發現特殊的美感，進而更加促進這種好感的延續。

　　對凡事都可以憑直覺蠻幹到底的Ｂ型「行動族」來說，Ａ型那種處事精細，善於計劃，精益求精的完美辦事風格，無疑是值得學習和欽佩的。自由隨性的Ｂ型腦

筋靈活，厭惡束縛，他們自我主義嚴重，做起事來不在乎旁人的眼光；而這一點和Ａ型的人截然相反。Ａ型的人在決定做什麼事時，先會摸清對方的情況，深思熟慮，瞭解到對方的心理意圖後，再決定採取什麼樣的策略來行動。處事欠慎重、有點橫衝直撞的Ｂ型會覺得Ａ型的穩重謹慎是成熟有智慧的表現，所以往往有種向Ａ型學習的願望浮現腦際，欣賞崇拜之感頓生。

他們很容易在第一次見面的時候就看對眼，不管是同性還是異性的交往，第一眼的印象無疑是充滿好感的。而且這對組合發生在異性之間，常常會有一見鍾情的浪漫戀情發生，如果雙方能習慣各自的思維個性，可以有很美好的結局。然而，Ａ型的完美主義如果不能適當克制，總是期望太高、佔有慾極強的他們會束縛Ｂ型，讓天性追求自由的Ｂ型喘不過氣來。人非聖賢，更何況是這種做事完全憑感覺的Ｂ型，他們怎麼能受得了？

所以，Ａ型對於Ｂ型的自由主義盡量持一種寬容的態度，和他們交往時不要對其行為提出過多的具體要

求，如果沒有嚴重的損失，不要出口非難Ｂ型朋友，更不要輕易用激烈的言辭去責難對方，否則會使Ｂ型感到受束縛，如負重荷，進而害怕甚至因此中斷這種往來。

而對Ｂ型的人來說，在與Ａ型交往的時候，表面看來總是Ｂ型占強勢，因此更應該多用真心對待對方，不要忽略對方的存在，不要光顧著自說自話，也應當學會傾聽，要常常注意對方在說什麼，不可忘記多尊重Ａ型朋友的意見。這樣的話，Ａ型才極有可能成為Ｂ型的好朋友。Ａ型與Ｂ型的組合，一見鍾情的吸引力讓你們走在一起，如果能經受住時間的磨合，彼此習慣並且適度順應對方的步調，也能建立不錯的關係。

Ａ型和Ｏ型
◆一個投手，一個捕手！

Ａ型和Ｏ型的「血液碰撞」猶如一場默契十足的棒球比賽，一個是精準的投手，一個是優秀的捕手，這對天生的團隊夥伴，讓這場球賽愈發精彩不斷、引人入勝。如果Ａ型的你有一個Ｏ型的朋友，那麼你應該慶幸

你找到了一個值得深交的對象了。如果Ｏ型的你有一個Ａ型的團隊夥伴，你更應該慶幸了，因為你們是天生的最佳搭檔！Ａ型一旦成為Ｏ型的朋友，就會發現Ｏ型充滿人情味和重情義、重信用的一面。他們重信用、理智客觀、遇事冷靜、精力充沛、有實幹能力。對於容易在內心積壓不滿和鬱悶情緒的Ａ型來説，Ｏ型的朋友絕對是個很好的傾訴對象。因為Ｏ型的人天生對於弱小者的態度十分豁達，尤其是朋友遭遇煩惱的時候。Ｏ型的朋友很體貼，不論對方説什麼，他們都會真誠的聽著，會讓對方放鬆下來，不斷説出自己的心事。Ａ型的人最容易在頗具包容力的Ｏ型朋友身上找到心靈的共鳴。

　　Ａ型和Ｏ型不僅是在生活中能夠找到心靈共鳴的朋友，在工作上更是優勢互補的最佳拍檔。Ａ型的人辦事細緻縝密，而直性子的Ｏ型則不拘小節，粗枝大葉；Ａ型辦事深思熟慮，Ｏ型辦事則雷厲風行。兩個人正好可以互補，Ａ型的謹慎細緻正好可以彌補Ｏ型的馬虎大意；反過來，生氣勃勃的Ｏ型又以其執著專注的行動帶領顧慮重重、行動過慎的Ａ型共同前進。

　　現實主義的Ｏ型非常富有開拓精神，敢於冒險，而且有理想、有雄心、有堅定的信念；而Ａ型的注重策略感強、縝密的思維，無疑是Ｏ型的最佳輔佐。如果具體到工作上，這組絕佳搭檔一般都是Ｏ型上前台，Ａ型居幕後，這樣的搭配是平穩而高效的：當Ｏ型的人在做事上急功近利時，Ａ型的人可以為他們想好行動的策略來幫助或者糾正他們；而當Ａ型在思想上鑽牛角尖時，注重實際的Ｏ型也會對其起控制作用。所以，一般Ａ型與Ｏ型組合的輔助關係中，都以Ａ型為輔助者。

　　但是Ａ型血的人容易忽略的是：他們其實並不瞭解Ｏ型血人的真正想法。Ａ型的人總是會把對方放在一個很好的傾聽者的位置，讓Ａ型血的人放鬆的傾訴了內心的情緒之後，卻忽略了Ｏ型血朋友的真實感受，當Ｏ型血的人把Ａ型血的人作為真正的好友的時候，他們會覺得Ａ型血的人是個很談得來的人，他們也很樂意傾聽對方的煩惱。但是當Ｏ型和Ａ型的關係並未達到好友地步的時候，Ａ型的人忘乎所以的傾訴反而會讓Ｏ型血人產生自己不被尊重的感覺，這對雙方的關係有害無益。但

是一旦雙方成為很好的朋友，他們的友誼便是牢靠的。即使發生再激烈的爭吵，也不會彼此憎恨。Ａ型和Ｏ型互相之間的理解支持，他們的感情和默契，從最初的血型中就已注定。這對優秀的投手和捕手，在工作和生活中的每個細節中，都會迸發出默契的火花。

Ａ型和ＡＢ型

◆我們本是一家人！

Ａ型和ＡＢ型這一組合常見於相親相愛的夫婦和情侶，朋友以及相處得好的同伴關係也常常是這個組合。這組關係是親密無間的，他們似乎較難形成配合默契的工作關係，實在應該叫做「家人」組合。

Ａ型給人的印象雖有剛柔之異，但其總的形象是：持重而講信用，精明而且富有才幹。這種內在氣質形成文雅端莊的儀態，對ＡＢ型頗有吸引力。另外，Ａ型敢於承擔責任、踏實能幹，精明幹練，對顯得有些脆弱怕事的ＡＢ型來說，正是可以依賴並值得敬畏的人。ＡＢ型對Ａ型懷有愛或者尊敬的情感時，就會產生輔助和親

近Ａ型的意念，在這種良好印象影響下結成的關係往往是親密無間的。

　　ＡＢ型在與Ａ型初見時，很容易就給對方一個態度和藹、思緒敏捷、不偏激、喜歡微笑及專心聽人說話的好印象。ＡＢ型通常會事事以Ａ型為中心，幫助他們面對生活中的一切事情，可是自己卻無法努力發揮自己的學問、能力或技術，甚至給人一種凡事依賴的感覺。這兩種血型搭配的夫婦、情侶、同伴等匹配起來，都是令大家羨慕的。Ａ型較為內向，處事謹慎小心，不輕易為旁人的好話所動，所以他們中很多人是難以輔助的。而理性、為人不喜惹是生非，認為相安無事是最佳生活狀態的特質是ＡＢ型最大的特點。這一點使得ＡＢ型是最能夠和Ａ型長久相處的最佳人選，可以說，能夠輔助Ａ型的非ＡＢ型莫屬。一個完美主義，強於精打細算；一個喜安寧，不喜歡爭執計較，Ａ型和ＡＢ型互補的個性，實在像是早已互相磨合的一家人。

　　Ａ型和ＡＢ型的人由於性格中有相似的地方，所以相比較其他血型人的緣分契合度而言，這個組合更容易

由互相尊敬、彼此友好開始，形成異性相愛、同性相知的美好關係。但是，這組關係有一個缺點就是：工作關係上難以達成默契配合，不能成為合作無間的工作搭檔，而做為生活上的摯友或者戀人則更加合適。

在上下關係上，Ａ型擔任上級是絕對的上策，因為ＡＢ型主事有過於嚴厲的缺點。如果ＡＢ型的人自身沒有滿腹才華，時間長了之後，就有可能使得Ａ型感到十分失望，甚至不想與之再繼續交往下去。ＡＢ型原是能夠忍著不滿配合Ａ型工作的，一旦發生不滿，Ａ型往往會因無法理解自己的合作者而一籌莫展。

雖然說，ＡＢ型和Ａ型可能出現一些不太默契的情況，但是從整體上說，他們是非常富有默契的組合。這種行動力更多的表現在一致對外或者外交關係上，此時的ＡＢ型和Ａ型的血型組合會變得特別的意氣相投、精彩連連。所以ＡＢ型若想和Ａ型維持長久而美好的關係，應該自信有能力，發揮自己的才華，不要只追求夢想，也要試著瞭解Ａ型的現實性，並與之相互合作、同心協力。

B 型遇到 B 型

◆鬆散的緊湊關係！

　　B 型的人是典型的自由主義者，他們無拘無束，喜動不喜靜。試想一下，兩個完全自由自我的人交起朋友來，那將是怎樣一種狀況？鬆散而又緊湊的關係，這就是 B 型和 B 型之間的友誼！

　　自由灑脫的 B 型頭腦靈活，說話幽默，自由活潑。一群人中有一個 B 型血的人就足夠讓大家又笑又鬧的了，如果兩個 B 型血的人碰在一起，卻很少有默契和投機，因為兩個人都是超級自我的人，在他們的世界中，很少能把什麼人或者什麼事很放在心上，所以兩個 B 型之間，最缺乏的就是相互之間的吸引和依戀，即使將他們湊在一起也肯定是「１＋１」的鬆散狀況，而不能成為一個整體。

　　自由和自我的個性決定了 B 型和 B 型鬆散的關係，他們不能也不會親密無間，因為他們太自我，很容易把對方「不當一回事兒」。尤其是初相識的，或認識不久的兩人，都常會感到與對方不投機，某種程度上也就是

沒什麼好感。當然,這並不是說他們一定就是互相對立的,很多時候,B型與B型經過深入瞭解交往後,還是能很和諧的相處。

最瞭解B型自由、愛幻想的思想也莫過於同是B型的朋友了,所以兩個B型的人經過長時間的較深接觸,在思想上最易產生共鳴。B型作家和評論家的作品最受B型讀者歡迎就是個最好的例子。而且他們都不拘小節,相處無拘無束,個性上又有共同語言,所以雙方如果深入交談起來還是很愉快的。即便是多年不見的朋友,偶爾見面也會像過去那樣無拘無束的暢談起來,絲毫不會感覺兩人經過了很長時間的分別而有生疏感。

可是B型之間不管關係多麼親密,在行動上仍很難統一步調。B型和B型的人之間是很容易起爭執的,因為雙方都是「各行其是」的人,又都是直脾氣、擰性子,所以有時會因相互妨礙對方的行動而衝突起來,但他們之間也是最不記仇的,事情過去就過去了。同時他們一脫離集體組織、上下屬關係或婚姻關係的束縛,馬上就會各行其是起來。不過他們每個人都有很強的行動

能力，分配給他們去做相對獨立的工作內容，他們每個人都能完成得很出色。經過一段時間的磨合和習慣之後，他們在精神上或知識方面是可以成為很好的團隊夥伴。

B型的男性則是這一群人中實踐自由的最好詮釋，這使得都是B型男性們能相處在一起的可能性很小。可以認為B型男性之間，幾乎不存在朋友或者合作夥伴關係。但是危急時刻，他們卻能展現出超強的合作精神。但只要渡過困難，他們馬上就會恢復到原來的狀態。

B型遇到O型

◆最熱烈的戀情！

自由浪漫的B型遭遇現實主義的O型，個性互補的他們結合得如同一個美妙的圓。O型的人以自己踏實可靠的思考能力、決策能力和行動能力，始終積極的鞭策鼓勵著自由散漫的B型，幫對方指明前進的方向。而B型那靈活的頭腦可以緩衝O型有點故步自封的思想方法。這對優勢互補的搭檔，如同美妙動聽的音符和節奏

那樣契合，奏出完美動人的旋律。

　　他們各自的特質也正是對方所欣賞的：B型顯然感到O型那富有現實精神的踏實作風是可靠的；而O型愛好具有個性的事物，所以B型的不羈言行對他們也有一定的魅力。他們互相發揮著對方的不足之處，是最契合的組合。

　　在思想和能力方面，B型靈活創意的頭腦可以彌補O型的缺乏創新的思維；穩重踏實，善於處理人際關係的O型則可彌補不拘形式與習慣、大咧咧B型的不足。如果雙方是夫妻，那一定是「夫唱婦隨」的一對。不管怎樣，B型和O型在一起的結果都不會太壞，如果異性的B型和O型發生碰撞，到底會是什麼樣的呢？

　　當B型男性遇到O型女性的時候，可能不會有什麼「一見鍾情」之類的事情發生，但是隨著交往的深入，日久生情的戀情可能演變為令人羨慕的轟轟烈烈。他們互相之間的第一印象好像不怎麼好：O型女性覺得B型男性很古怪，B型男性則覺得O型女性太幹練。確定愛情的關係需要一定的時間，但是兩類人之間思考方式和

行為方式都有很多共同點，所以很有希望成為讓人羨慕的情侶。

那麼當 B 型女性遇到 O 型男性的時候，擁有快速行動力和堅強意志的 O 型男性與積極主動的 B 型女性形成的則可謂是「膠水組合」！他們日夜廝守，離開一天也會受不了。只要開始交往，他們的日子每天都會是玫瑰色。一般都是善於理解對方的 O 型男性以稱讚的方式一步一步引領 B 型女性走向成功。

雖然意見不同、經常吵架，但是他們卻越吵越分不開，而且日子反倒過得更加甜蜜溫馨。如果看到 B 型女和 O 型男這對情侶吵架，別擔心，過不了幾天，他們準又「黏」在一塊難捨難分了！

在 B 型和 O 型的交往中，要切記的一點就是「度」的問題，如果 O 型把韁繩勒得過緊，讓 B 型的人有被束縛之感，會進而產生排斥心理，特別是當 B 型的人認為 O 型的生活現實而毫無趣味與激情可言的時候，或者是 O 型看透了 B 型現實中太缺乏追求時，兩個人的相處就會變得索然無味，最終導致分離。另外，當 B 型和 O 型

交往的時候，溝通往往是最重要的，無論是在同性間或是異性間，別把想法藏在心裡，適時的溝通，會將Ｂ型和Ｏ型的友誼或是愛情引向更加美好的境況。

Ｂ型遇到ＡＢ型

◆神祕的吸引力！

Ｂ型遇到ＡＢ型的時候，雙方往往會被一股神祕的吸引力拉在一起，這也許是血型投緣的關係吧。Ｂ型和ＡＢ型的緣分總是那麼奇妙，他們互相欣賞，很容易達成步調一致，成為形影不離的朋友。合作愉快的工作夥伴、令人羨慕的戀人常見於這個組合。

當Ｂ型女性遇到ＡＢ型男性的時候，雙方一開始就會對對方產生好感，是很容易就開始交往的一對。無論遇到什麼事情，ＡＢ型男性都能做冷靜的分析，這可以大大彌補Ｂ型女性的不足，尤其當Ｂ型的女性處於一種茫然無助的境地的時候，更容易對冷靜的ＡＢ型的男性產生一種近似崇拜和依賴的感覺。

Ｂ型女性活潑好動的性格也會吸引ＡＢ型的男人，

讓其被這種浪漫可愛深深打動。不過Ｂ型女性可能因為很在乎對方在想什麼，對方卻不善表達，而對ＡＢ型男性的內向表示不滿。如果Ｂ型的你試著再寬容一點，那麼ＡＢ型的木訥可能會顯得相當可愛哦。

當Ｂ型男性遇到ＡＢ型女性的時候，有著玄妙的緣分牽動著兩顆試圖相互靠近的心。由於兩種人都擅長人際關係，所以只要把心扉敞開，他們就很容易相處。Ｂ型男性的行動力和誠實的一面能吸引ＡＢ型女性，ＡＢ型女性合理的思考方式和細心而又富有激情的性格也強烈的吸引著Ｂ型男性的注意力。

但是ＡＢ型女性也可能會對Ｂ型男性馬馬虎虎的性格失望，這種時候ＡＢ型女性最好像姐姐一樣勸說。Ｂ型男性生氣的時候也不要太強硬，要軟硬兼施，該妥協的時候就妥協。而且Ｂ型的男性如果適度收斂一下自己自由散漫的風格，就能夠得到ＡＢ型女性更多的愛。總之，而如果雙方能更多考慮對方的感受，放低姿態去為對方做些什麼，就能維持更長久的關係。

同性的Ｂ型和ＡＢ型相遇，也能成為相互欣賞學習

的好朋友。當Ｂ型男性遇到ＡＢ型男性的時候，毋庸置疑，這將是一對很有趣的夥伴。Ｂ型男性具有想像力和幽默感，善於製造氣氛。而ＡＢ型的男性沉穩踏實、富有分析能力，ＡＢ型男性對Ｂ型男性的機靈和散漫能夠寬容。他們能忍受Ｂ型男對他們大咧咧開著玩笑，就算Ｂ型説出什麼讓人無語的話，他們也不會跟其計較。

然而當Ｂ型女性遇到ＡＢ型女性的時候，可能並不像Ｂ型男性遇到ＡＢ型男性那樣一拍即合，但是總能維持很穩定的關係。Ｂ型在與ＡＢ型相處過程中，感到ＡＢ型能理解自己，但是與自己有不同之處，覺得對方很有意思，相處起來十分舒暢，是值得信賴的朋友。ＡＢ型總是從理性考慮問題，他們會悲觀的説：「我的想法説了也沒用。」與此相反，Ｂ型的人不拘泥於形式的靈動思想，能耐心的傾聽並接受在ＡＢ型看起來有點偏執的想法。這對ＡＢ型來説，是理性上的大解放。

這個組合在友誼和工作等方面是無可挑剔的，但是在辦理對外事務的能力方面似乎弱一些。另外，正因為是彼此毫無隔閡的朋友，所以相處時間長了就會感到單

調乏味，而希望尋求新的刺激。

O型和O型

◆永不中斷的同志式友情！

兩個O型的人在一起時，因為思想上有共通之處，所以極容易產生共鳴。生活方式一致，思想上有共鳴，共同的目標和命運，或者面臨共同的敵人，會使他們建立起深厚的同志式友情。這種友情，若萌發於孩提時代，或者建立於諸如戰場等極端狀態下，那將是永不中斷的。現實主義的O型非常富有開拓精神，敢於冒險，而且有理想、有雄心、有堅定的信念。O型對弱小者表現得豁達大度，而對大大強於自己的人則會出人意料的無條件服從，可是遇上勢均力敵者時卻又會想著一爭高下。O型個性雖強，但並非難與人相處，反而是廣交善結，朋友很多。他們愛恨分明，如果認定對方是敵人的話，其反應也是非常強烈的。兩個O型如果交上朋友，會覺得找到了志趣相投的知己，因為彼此思想性格的相似，更容易形成長久的往來關係。

O型的人追求效率、性情直爽，他們不喜歡被過多繁文縟節所牽絆，更喜歡直來直去，因為這樣更加節省時間，也更加富有效率。O型跟O型打交道的時候，雙方都是爽快人，有什麼說什麼，省去了沒必要的客套和謙虛，兩種人一起交往顯得更加舒暢自在。

基本上來說，O型的人是非常好相處的，因為氣質傾向的類似，O型和O型交往，很容易惺惺相惜，互相理解。他們志趣相同，都是務實精幹的人，對事物的看法和認識基本上能夠達成一致。他們都是重情義、善良的人，而且忠實守信，個性雖強，有點爭強好勝，但是豁達開朗，對朋友真誠、講信用。

同是O型的戀人在一起的時候，你會發現他們的表情和說話風格非常相似，他們有著共同的目標，能夠堅定、執著的為未來的生活一起努力。同為O型的夫妻，即使結婚多年，通常也會形影不離、非常親暱，而且有著共同現實可得的生活目標。務實積極的O型一般都不會讓生活品質「居低不上」，他們金錢觀念靈活，善於周轉資金、創造財富，所以O型人的家庭總能靠著自己

的努力實現舒適富裕的生活。他們都浪漫富有詩意，但又講究實際，是切實的「同志式」愛情和婚姻。

同一血型的人既容易成為好朋友，也容易成為敵人。因為性格的類似，他們很容易彼此理解，而也正是因此，他們又會相互排斥，一旦有了衝突，便可能形成競爭關係。雖然O型和O型之間是同志式的友情和愛情，但是他們未必在每時每刻都能保持步調一致。O型對能力差異看得很重，而且十分敏感。由於他們既能受命於人，又善於上司別人，所以無論是當頭頭、上司，還是當下屬、隨從都是盡如人意的。這種能密切配合、呼吸與共的O型上下級關係在我們的周圍並不少見。

不過，如果雙方的能力趨於接近，那麼他們的合作關係便會漸漸被競爭關係所取代。所以，O型和O型之間的關係如果想要更加牢固，那麼，防止雙方的關係由合作變成競爭是非常必要的。一般說來，O型組合的年齡差距稍大些較好。

Ｏ型和ＡＢ型

◆火藥桶上的舞蹈！

Ｏ型和ＡＢ型在建立起親密的關係前，相互的印象恐怕是最令人滿意的。Ｏ型對ＡＢ型的欣賞，常常伴有「粉飾美化」對方的現象，在直性子的Ｏ型眼裡，ＡＢ型的溫和沉靜、與世無爭是完美無缺的。而ＡＢ型則對務實能幹、頭腦聰明、有能力的Ｏ型幾乎達到完全依賴的地步。正是這種建立在「粉飾」和「依賴」的被加工關係，讓Ｏ型和ＡＢ型的友誼或者愛情如同火藥桶上的舞蹈，看似美好動人，卻時刻潛藏著爆炸的危機。

ＡＢ型的人思路敏捷，長於對應，善於多面理解，是聰明才智的表現；正義感強，處事公平，不貪慾，樂做福利服務工作。這些在務實肯做，總是在現實世界裡為目標奮進拚搏的Ｏ型人眼中，無疑都是善解人意、品格高尚的表現。

然而ＡＢ型是具有兩面性格的人，在ＡＢ型的兩面性中，Ｏ型只看到溫和沉靜方面，忽略了另一面，就認為對方是一個有修養的人，是具備自己不具備的「優雅

沉靜」的完美之人。而ＡＢ型對Ｏ型的幹練、踏實、穩重往往帶有個人的崇敬和愛慕之情，並且在實際生活中Ｏ型的諸多照顧，更讓其產生依賴的心理。

在人際交往中，Ｏ型的表現常常是比較直接和坦白的，要他們學會拐彎抹角實在是太難和太痛苦了。同樣的，他們也喜歡別人坦率的和他們交流，對於神經比較粗枝大葉的Ｏ型來說，理解暗示還是比較困難的。ＡＢ型的人則習慣用迂迴婉轉的方式來表達，而不是想到什麼說什麼。其優點是容易與周圍的人相協調，保持融洽的氣氛，缺點是人云亦云，有時會顯得沒有原則。一個直接帥氣，一個婉轉動聽，所以很自然的，雙方一開始溝通起來會覺得新鮮而又有趣，而且印象大都不會太差。希望的種子播得越多，失望的陰霾可能潛伏得越深。友好相處的Ｏ型和ＡＢ型處於對雙方的完美幻想和「粉飾」之中，然而現實很可能並不是這樣的。

隨著雙方的交往和認識不斷加深，雙方心目中的美好形象就會消失，與世無爭成了貪生怕死，務實能幹也成了唯利是圖，最後好似被潑了一盆冷水一樣大失所

望。然後互相埋怨，弄得不好還會引起尖銳的矛盾，最後導致分道揚鑣或者關係解體。不過不用擔心，這對組合舞步很有默契，就算是在火藥桶上跳舞，只要沒有「火」，還是很安全愉快的組合。

在興趣方面，Ｏ型有獨特的愛好，ＡＢ型的趣味是多樣化的，相輔相成之下，兩人就可能成為興趣廣泛的朋友。心胸豁達的Ｏ型毫不計較ＡＢ型性格中忽冷忽熱的一面，而社會經驗豐富的ＡＢ型很善於投Ｏ型所好，相處中應付自如。所以，Ｏ型的朋友如果想要和ＡＢ型完成這場精美絕倫的舞蹈，不想點燃火藥，就必須避免過度的誇張和讚美。其實兩者可以是很和諧很愉快的朋友或者戀人，尤其是ＡＢ型淡泊的心態可以緩衝Ｏ型衝向物質追求的狂野步伐。而ＡＢ型如果想要更加瞭解和親近自己的Ｏ型好友或者戀人，也要學著獨立和取長補短，試著用自己的溫和來寬容雙方之間發生的小摩擦。

ＡＢ型和ＡＢ型
◆你們總是經不起外部攻擊！

相同血型的人在一起，由於氣質性格特徵的類似，很容易相互理解，也正是由於對彼此思想熟悉，也更容易發生矛盾和衝突。

ＡＢ型之間的組合，在外部環境一帆風順的穩定情況下，相處起來還算比較穩定的。所以你會發現這個組合多見於各種機構，但是能自然長久維持關係的ＡＢ型組合還是不多見的。因為他們總是經不起外部的攻擊，總是在外部環境的攻擊下出現裂縫和矛盾而散伙。

不管怎麼說，由於具有相同的血型，ＡＢ型還是能夠形成相互理解、相互信任的關係。如果在工作上不得已需要兩個ＡＢ型來搭檔，那麼把兩個人氣質以外的因素，如出身、職業、負責的業務、地位及年齡等拉開差距不失為一個好的辦法，這樣絕對能保證高效率的完成工作。

ＡＢ型的同伴在工作上能建立起極好的上下級關係。他們之間訊息暢通、配合默契，甚至在長時間不對話的情況下，也能確信對方在考慮同一個問題，他們之間的關係堪稱富有理智和充滿信任的關係。

　　經過調查研究，有一個令人感興趣的事實：如果這種搭檔只限於商業、企業場合時，他們則表現得像個智囊團那樣，具有理性上的高效率。

　　但是由於天生氣質相似，ＡＢ型的人相互之間缺乏人類本能原始的吸引力，所以很難有「相見恨晚」般一見投緣的事情發生。

　　ＡＢ型本身就是喜歡與人保持一定距離的性格，ＡＢ型之間的相處，他們在生活中一般是普通朋友，而且基本上沒有什麼深入的溝通交流，很難形成融洽密切的關係。但是ＡＢ型的人多半善於處理人際關係，所以基本的禮貌和禮節，他們能處理得十分漂亮。然而在遭遇外界多種不確定因素的攻擊時，ＡＢ型之間的友誼會顯得十分脆弱。

　　在生活中，這種組合也很難融洽，特別是在男女交往上，顯得彆扭且了無生氣。ＡＢ型對同為ＡＢ型的他（她）十分瞭解，就是雙方默不作聲，也可能猜到對方將要說什麼或者做什麼。而且都是相安無事的個性，生活顯得缺乏浪漫感和生機。所以ＡＢ型女性不會考慮跟

ＡＢ型男性深入交往，有時候甚至有厭惡對方的傾向。

即使是普通朋友，這種組合也不團結，甚至會向對方發出「請勿干涉我！」的警告。雖然雙方私下都沒有很親密的關係，甚至彼此不屑。但是，理性的ＡＢ型仍然會在工作中盡力的給自己和對方都留有充分的發揮空間，以達到效率最優化。也就是說，不管兩個人在工作和學習方面配合得多麼有效率，在生活上，他們對彼此都是毫無瞭解、毫無興趣和毫無吸引力的。

所以兩個ＡＢ型血的人交往時，請記住一個原則：即使感情再好，也要保持安全距離。如果發現了對方的缺點和不足，即便不能接受其缺點，也要有寬容、大量、樂觀的態度。做到這一點，雙方就可以算是知心的朋友了。另外，如果在工作中兩個ＡＢ型的人搭檔的時候想要有默契的合作，相互之間最好有明確的上下級關係，彼此有清楚的責任分工，那麼雙方在理性方面的探求不但會有傑出的表現，彼此之間也能維持長久的良好關係。

第九章

血型中暗藏的**職場玄機**！

不依血型從業，終生碌碌無為！

不要小看這些流淌在你體內的液體，因為你的血型不僅主宰著你的思維和性格，更是暗藏著擇業的職場玄機。試著拿出血型這本神祕教義來剖析你自己，瞭解你身邊的人，進而實現自己在人際、事業各個領域的目標。依據血型從業，瞭解血型的職場奧秘，從此你將不再盲目，而在職場中如魚得水。

◆不同血型人的擇業**黃金法則**！

我們已經知道，血型是主宰著人思維的紅衣主教，這些Ａ、Ｂ、Ｏ、ＡＢ血型因子流淌在你的體內，決定著你的思維方式，成為塑造你性格的原材料。

不同血型的人，會有不同的與生俱來的個性氣質，而這種氣質通常在後天難以改變和重塑。血型雖然不決定一個人的事業成就高低優劣，但是卻影響著人們事業的發展方向。也就是説，不同血型的人有著不同的擇業法則，瞭解屬於你自己的黃金法則，看看你適合走哪條從業之路？

◇A型

A型的人團體意識強、尊重規則守紀律、細心謹慎、思考周全，善於在一個固定單位有組織的行動，一般大器晚成者較多。辦事細心、管理負責，工作踏實，在處理事務、革新和應用方面有真才實學。A型適合從事高科技、經濟規劃、作家、歌星、戲劇和短劇演員、摔角及長、短跑運動等。處事謹慎、精於算計的A型也適合在會計、財務管理方面發展。不過，A型不宜於駕

駛和頻繁的接觸人、處理問題的工作，如記者、外交官、推銷行業、保險業等。

◇B型

B型的人自由樂觀，思路敏捷而開闊，具有經常不斷革新現狀的前進性動力，很容易接受新事物。多才且興趣廣泛的他們一般都有一心多用的天性，這個特性運用得當的話，他們無疑是培養多種知識交叉互動的綜合互動型人才最佳人選。B型的人可以跨多學科、多領域工作，可以在企業甚至於人類歷史上建立新觀點、新理論、新設計和新科學。他們從事創造發明、創意事業、文學寫作會十分得心應手。同時應當避免一成不變的工作環境，如公務員、會計等，這會抑制他們的自由發揮。而選擇藝術家、作家、醫生、發明家、節目主持人、科學家、律師、都是很適合他們的職業，作詞家、天文學家也極適合他們。

◇O型

務實能幹的O型血人行動力強，個性獨立，目標性強，經營企業、經商、政治、外交能力都很強，善於組

織並把自己放於該組織的核心地位。Ｏ型年輕時易更換職業，有經驗後善於專攻某一方面。有權力意識的Ｏ型適宜於政治、外交等行業，經營管理、駕駛、作家、歌星、演員、跳躍項目和棒球運動等也是很適合他們的職業。Ｏ型大都很有同志式的博愛，強烈的集體意識使得他們很適合在組織集團中擔任上司和帶頭人。

◇ＡＢ型

ＡＢ型的人極有理性，沉著穩重，有優秀的分析力和洞察力，是很有服務精神的職業多面手。凡事他們都保持冷靜和公平的處理態度，他們天生就是一個世界主義者，敏銳正直、富有衝勁的ＡＢ型很容易成為企業家，如微軟總裁比爾蓋茲就是ＡＢ型。

ＡＢ型理性客觀的分析力很適合讓他們在一個團隊擔任參謀型職務，發揮運籌帷幄的專長。同時ＡＢ型應試著培養長遠眼光，可以考慮創業，而且事實上很多靠自己奮鬥成功的老闆和創業家都是ＡＢ型血。

太富有社交手腕的工作不適合ＡＢ型，而他們從事學術研究、政治、幕僚、心理學家、服務業等方面的工

作都是很不錯的決定，經濟規劃、統計、設計、商業推銷等工作也可以考慮。

◆假如你的**老闆**是
Ａ／Ｂ／Ｏ／ＡＢ型？

瞭解不同血型的老闆或者上司具有何種特性，知己知彼，方能人際暢通。掌握血型「職場教義」，看看如何才能與不同血型的上司和老闆打好關係，贏得事業順利發展。

◇老闆是Ａ型

假如你的老闆是Ａ型，你就要注意行為態度和禮貌節制了。

Ａ型的特點就是有旺盛的服務精神，與人交往也不希望引起什麼風波，對待部下也是親切和藹的態度，甚至沒有什麼特別的事情也會毫不吝惜大加讚美。但是Ａ型的人討厭行為流於草率馬虎、不實在的人，也對那些不遵守紀律和道德的人嗤之以鼻，此外他們對第一印象也是記憶很深。

所以，和Ａ型老闆打交道，主要就是要用踏實肯幹的工作態度打動他們，切忌大言不慚，自吹自擂，或是做拍馬屁之類的小動作。否則會引起他們的疑慮，只能收到相反效果。

◇老闆是Ｂ型

Ｂ型的上司者所信賴的是那些能夠理解他們的想法和話語，並且給予贊同的人，這一點必須特別注意。當Ｂ型的老闆在發表個人觀點，或者在他們無所不談的時候，那些不僅注意傾聽，而且不時給予頗有同感的應答，甚至做出非常佩服姿態的人是Ｂ型上司所信賴的人。

總之，順從他們、捧他們的人，才有機會被他們信任和重用。而且作為Ｂ型上司的下屬，努力提高業績，並且積極籌備工作計劃，懂得從Ｂ型上司下達的大方向、總戰略中領悟自己要做的事情，也是Ｂ型上司所欣賞的聰明人才。如果一開始，你就問一些細枝末節的事情，反而會讓Ｂ型的老闆認為你是無能之輩。另外，注意不要讓問題積累成堆，導致積重難返，應當學會定期

匯報和請示才能免遭責難。

◇老闆是Ｏ型

Ｏ型上司常常會不斷表現出「大老闆」的威勢，然而他們並不是恣意賣弄，只是想在一個非常開放的氣氛中讓下屬在實踐中體會到老闆的權威。Ｏ型上司很瞭解集體力量的重要性，因此他們會認真組織部下，並且很重視自己和部下的人際關係。Ｏ型老闆一旦信任自己的下屬，便會放手讓部下全心全意的工作，採納下面的意見。所以，假如你的老闆是Ｏ型，就要讓他信任你，超越普通的上司和下屬的關係。

如果你能和Ｏ型上司共同體驗過幾件事，比如一起去喝酒，隨他們去出差，在興趣方面和他們變成志同道合的朋友等，然後再趁著Ｏ型的人有「愛說教」的癖好，沒事向老闆虛心請教，扮成「晚輩」的謙遜好學。這樣一來，他們對你的信任就會飛躍般與日俱增。

◇老闆是ＡＢ型

如果你的老闆是ＡＢ型，得注意在跟他們打交道的時候要表現得爽快乾脆。ＡＢ型的主管討厭扭扭捏捏、

曖昧不明的關係。

同樣，在聽工作匯報的時候，害羞和不自然的神情容易讓他們聯想到無能軟弱之類的不良印象。對於ＡＢ型上司的開玩笑或者冷嘲熱諷，你也要學著適應，因為他們喜歡那些能夠在愉快輕鬆的環境下工作的部下，而對那些太死板、不苟言笑的人並不是很喜歡。

儘管ＡＢ型的老闆讓你感到親切，但是你最好不要以為你和他們已經熟絡了，因為ＡＢ型的人重視「現在的和諧」，而對於過去的交往好壞、深淺並不是很在意。在做事方面，如果你能在工作中「主動請戰」，說：「這事由我來負責辦好！」他們一定會覺得你是懂得分擔上司責任的好部下，而愈加欣賞和信任你。

◆如何讓Ａ／Ｂ／Ｏ／ＡＢ型**下屬**
　對你服服貼貼？

血型主宰著人的思維習慣和性格傾向，如果一個身居上司管理職位的人，能熟悉並運用各種血型的特性，那麼他對部下的指揮調派將發揮巨大作用！因此瞭解不

同血型部下的特性，讓你的下屬對你「服服貼貼」！

◇員工是Ａ型

Ａ型具有強烈的社會意識，是天生的完美主義者，所以Ａ型的部下看問題往往傾向於缺陷和不足的地方，因此也容易喪失信心。然而Ａ型的員工總期望自己的存在價值被社會、公司、家庭等團體承認和肯定，所以往往也贏得一本正經、努力工作的美譽。所以，對待你的Ａ型屬下，要充分體諒，充分肯定他們的工作業績，因為不信任容易讓他們自卑消極，變成陽奉陰違的人。最好是讓他們感到自己很重要，用褒獎和讚美增強他們的自信心。對待他們的錯誤，批評要真實準確，照顧情面，不要撕破臉，讓他們私底下反省。記住，Ａ型是吃軟不吃硬的。

指派Ａ型員工工作的時候，可以給他們指派細密而瑣碎需要耐心才能完成的工作。同時，做事實實在在的Ａ型，需要你把工作中很細節的部分也交代清楚，因為擅長「集體團隊作戰」的Ａ型不適合「單打獨鬥」。

◇員工是Ｂ型

　　如何把這些不受羈絆、嚮往自由的 B 型部下運用得很有效率呢？首先，是讓 B 型的部下對他們所從事的工作感到有興趣。如果 B 型一旦對工作喪失了興趣，他們那怠工情緒就暴露無遺，也因此變成難以管理的人。B 型的人天生樂觀，對於斥責並不耿耿於懷，所以如果他們有過錯，作為上司你也不必遷就。同時，要讓他們瞭解工作的困難和可能面對的困難，增進他們對工作的興趣和提高自己的動力。

　　幫 B 型指派工作的時候，最好給他們描述大概輪廓就行了，切忌把工作規定得太死，限制了 B 型員工的想像力。當然也不能放任自流，必要的監督和持續的鼓勵也是很重要的。

◇員工是 O 型

　　O 型的人是對生活和工作有著強烈使命感的人，為達到目的通常有著強烈的自我主張意識。如何把 O 型的員工運用得恰到好處又有效率呢？首先，要靈活運用 O 型對目的地追求感。應當把企業目標及在整個公司中的價值，很清楚的擺在他們面前，對他們的工作要多加鞭

策和鼓勵，將可讓他們有一番大作為。

其次，也要充分培養和引導Ｏ型員工強烈的競爭意識。在工作上要時刻指出他們所面臨的對手，並傾聽他們對自己對手的實力強弱分析和自己所採取的對策，忌諱謾罵，否則會傷了Ｏ型部下的積極性。Ｏ型是很有同伴意識的，所以對他們不可靠權威壓服，更不能當眾讓Ｏ型的部下丟臉出醜，即使有大的過錯，也要動之以情、曉之以理，表達你對他們的期待。這樣Ｏ型部下會永遠記住教訓，並以極大的熱情去將功補過。

◇員工是ＡＢ型

ＡＢ型的人是很崇尚「合理性」的類型，作為下屬是那種一點就通，一通就精頭腦靈活的人。對待ＡＢ型的下屬，首先必須把他們的工作職責和權限劃分清楚，而且跟ＡＢ型員工交代工作時一定要不卑不亢，平心靜氣，才能博得好感。因為ＡＢ型的人一旦進入某一企業集團，他們所求的是發揮特長而有所作為。而且，對他們來說，什麼工作都是適宜的，而且都能圓滿處理。

分派ＡＢ型員工做人際關係的處理，或者對各種不

同意見的整理、調節和歸納工作，更能發揮他們的能力。還有批評的時候要實事求是，就事論事，決不可旁推，如果做到這一點，再嚴厲的批評，理性的ＡＢ型員工也能承受。

◆處理好辦公室裡
和諧自然的**人際關係**！

一個人若能瞭解，因為人的血型各不相同，所表現的氣質也是有所不同的，明白其實自己的言行舉止也有些欠缺，就會懷有某種程度的寬恕，維持良好的人際往來關係。躋身職場，要怎樣玩轉辦公室政治，照顧好每個血型的同事，從而贏得人際和諧呢？

◇同事是Ａ型

Ａ型的人希望有個風平浪靜的人際關係，因此言行舉止都盡量不刺激別人。初次見面，他們表面上禮數周到，甚至會為你服務，但是要想跟他們推心置腹的交談，那就需要很長一段時間了。記著，Ａ型同事雖然親切又樂於幫助你，但是內心卻會築起堅固的牆，他們言

行和真心並不是一致的。Ａ型注重對方的身份,所以他們對人的態度也一般是因人而異的。重視原則和形式的Ａ型很容易因為別人的缺點而否定對方的價值,甚至認為對方是不能被信任的。

當你和Ａ型同事熟悉以後,你就會看到他們那挑剔計較,愛責備人的個性,但是記住不要跟他們爭執或者吵架,因為Ａ型的憤怒和怨恨會持續很長時間。

◇同事是Ｂ型

簡單來說,Ｂ型的人不拘小節,不受羈絆的個性容易出現缺乏關心他人的態度,而且Ｂ型人對自己的想法很固執,總是被認為是那種很執拗或者具有反抗性格的人。雖然他們給人的第一印象並不是太好,但是只要你真誠的跟他們聊上幾句,他們就會敞開胸懷接受你。一旦熟識以後,不管對方身份地位,他們都能不分彼此的跟別人一直交往下去。

和Ａ型不同的是,Ｂ型的人不會用世俗的眼光對待他人,不管對方是上司還是部下,他們都一視同仁。不過如果你在他們面前自以為特別,自高自大,就會造成

他們的反感。簡單說，只要跟Ｂ型的人談話聊天，他們就會接受你。然而不要輕易嘗試他們的固執，要等待他們自己改變看法。

◇同事是Ｏ型

Ｏ型的人經常有需求同伴的意識，並且喜歡彼此能互相信賴。對於關係要好的同事和他們有交往關係的人，他們總能用長者的風度給予別人照顧，而且能敞開胸懷與人推心置腹的交談。然而，對於他們不瞭解或陌生的人，Ｏ型的人卻有很大的戒心。但只要消除他們對陌生人的戒心，就能跟你敞開心扉。而「破冰」的最佳辦法，就是請一個認識Ｏ型朋友的人引見或者介紹。可以試著跟Ｏ型的人關係要好的同事處好關係，Ｏ型的他（她）也會不知不覺的接受你這個朋友。同時和Ｏ型同事相處，要學著忍受他們說教的腔調，其實這只是Ｏ型血人的天性使然，並不是裝的比你厲害，倚老賣老的人。

◇同事是ＡＢ型

ＡＢ型的人擁有兩面性，在職場團體中既有團體一

面,又有個人主義的一面。ＡＢ型同事是很有彈性的人,他們圓滑周到,善於適應環境與人相處。但是在私底下,他們很重視興趣,自在式的對人態度,使得ＡＢ型只喜歡與談話投機、有同樣興趣和嗜好的同事交往。他們的個性就是不喜歡因為公事而佔用私人的空間,所以如果你和ＡＢ型同事只想局限於工作關係上的往來,那就再簡單不過了。總之,與ＡＢ型的人相處,最重要的就是坦誠相待,不要做作和欺騙。

◆面對Ａ／Ｂ／Ｏ／ＡＢ**顧客**,你該怎麼做?

市場營銷其實是銷售員的自我推銷,面對不同血型的顧客,如何推銷出你的產品是很重要的。因此博得不同血型顧客的信任,是一個很值得研究和學習的問題。如果你懂得根據顧客的血型個性來轉換策略、巧妙應對,就能獲得更好的銷售業績,也可能因此得到長久的顧主關係!

◇顧客是Ａ型

那些斤斤計較、雞蛋裡挑骨頭的顧客一般都是Ａ型血客戶，他們總是嫌這嫌那，這也不行那也不好，對待挑剔的完美主義Ａ型顧客，你就要有百分百的耐心和他們一同尋找他們心中的適合商品。

不要不耐煩，因為Ａ型的顧客不是來找碴的，只是他們真的覺得這件商品有無法忍受的缺點和不足。那麼做為推銷員的你，就得聰明一點，盡量説好話，把要推銷的東西説得盡善盡美，讓Ａ型顧客能夠接受。而且，要注意態度和神情，別以為你的不耐煩能逃過敏感的Ａ型人眼睛，他們一旦察覺到自己沒受到尊重，就算想買，也會在你以為大功告成的最後關頭選擇離開。

◇顧客是Ｂ型

Ｂ型客戶最大的特點是，完全憑感情衝動決定一件事，沒有什麼樣規律可循，你只需正確的向他們説明某商品有什麼優秀性能，讓他們覺得這個東西可以與眾不同，表示他們的眼光超人一等即可。對Ｂ型客戶動之以情，是説服Ｂ型客戶的不二法門，但是有一點千萬別忽略了，那就是「售後服務」。談話過程中，Ｂ型客戶往

往顧左右而言他，讓人搞不清楚他們是想買還是不買。這時候你千萬不要生氣，仍要客客氣氣的感激他們，以便為自己留下後路，因為你仍有很多機會可以說服Ｂ型客戶，不要太早對事情感到灰心喪氣。

◇顧客是Ｏ型

Ｏ型顧客是注重「實用性」的客戶，所以不要試圖給Ｏ型的客戶推薦那些對他們沒有實用價值的商品，這樣只會加速他們離開的步伐。一件對Ｏ型顧客有價值有用處的商品，比你費盡唇舌的推銷更有說服力。

Ｏ型的顧客很有判斷力，也不會是那種輕易買一些自己不需要的東西的人，所以如果你想從他們那裡賺取外快，我勸你還是省了這份心。跟Ｏ型顧客打交道，最好省去那些誇張的推銷和廣告直接進入話題，告訴他們這件商品的功效、作用、便利性，讓Ｏ型顧客自己去判斷，在瞭解他們需求的基礎上推薦實用性強的物品，這筆交易會順利成交。

◇顧客是ＡＢ型

話少而態度不親切，是ＡＢ型客戶給人的印象。但

是ＡＢ型客戶並不是一個難以開發的客戶，如果你懂得以自由的方式和溫暖親切的舉動傳達內心的意思，讓ＡＢ型顧客信任你，就能激起ＡＢ型客戶的購買慾。

因為ＡＢ型的人總是面惡心善，外表看起來很冷酷，其實內心很善良。但是這需要推銷員所開啟的話題能引起ＡＢ型興趣的前提，否則很難打動他們的心。在交談的過程中，有一點要特別注意，那就是如果ＡＢ型客戶一直保持沉默，並不意味著是壞的結果，也許是你的說服已經有了作用。此時，你最好靜靜等待ＡＢ型客戶對你提出疑問，並以誠懇的態度回答。

有一點絕對要避免，就是談及私事，這是取得ＡＢ型客戶信任的第一要素，千萬不可忘記。

第十章

哪把鑰匙才能**開啟財富門**？

傾聽血型之聲，做一輩子富人！

　　「財富之前人人平等！」雖然有口號喊在前，可是眾人對於錢財的態度卻是不同的，有人擲千金只求一笑，有人卻是謹慎異常。不同的血型有著不同的金錢觀，也就有不同的發財致富之路。那麼這個理財的觀念到底和血型有什麼關係？哪把鑰匙才能開啟財富之門？怎樣才能讓你懂得更好的運用金錢？下面讓我們一起來傾聽血型的聲音，走上長長久久的富裕之路。以下將分別介紹各種血型的理財之路。

A 型

◆「看起來」非常節儉的血型！

一絲不苟的 A 型，金錢觀念也非常保守。大部分 A 型的存摺裡都會有一筆積蓄，他們對錢比較沒有安全感，覺得錢放在銀行裡最好。即使利息節節下降，他們還是不太願意將錢拿去投資。

因此，A 型的人不見得很有錢，但也不會荷包空空，更不容許自己的支出大於收入。

如果你有一位 A 型的朋友，你可能會覺得此人很「鐵公雞」，對於錢似乎錙銖必較。其實不然，A 型的人只是比較會考慮他們所花的錢，是否得到一定的價值而已，只要是認為該花的，他們倒是比別人都還要顯得「大手筆」哦！

B 型

◆錢財對你來說「去得快，來得也快」！

B 型的人常以善變給人新鮮感，喜歡社交，令人耳目一新，偏好華麗且熱鬧的事物。全憑直覺及印象，容

易不顧一切的憑衝動做事，因此常常會有入不敷出的窘迫。常會為了一時之歡，導致口袋空空也。

但是他們精明外向，不過錢財對他們來說是「去得快，來得也快」B型的人為人熱情，行為浪漫，擅長於隨波逐流，但往往存在著浮躁幼稚的毛病，他們有點缺乏金錢概念，以至於根本不知道錢都花到哪裡去了。

B型的人是講得最多也做得最多的人，股票評論員的建議和推薦時時記在心上，容易掉入他人的技術陷阱中，結果吃力卻不討好。

O型

◆喜歡投資的血型！

相較於小心翼翼的A型，O型可稱得上是喜歡投資的血型，大部分的O型對數字有一定的興趣，也熱衷於各式各樣的理財、投資方式，一旦他們決定目標，是極可能大筆投資下去的。

如果你有一位O型的朋友，你可能會覺得他時而大方、時而小氣，原因就在於O型的人比較實際。當他們

大方的時候，通常是他們賺到錢、或者對你有所求的時候。不過也不要因此對他們敬而遠之，因為當他們將你視為知心朋友時，可是會對你非常海派的。

ＡＢ型
◆主觀務實的理財「達人」！

對於理財投資，ＡＢ型的人會比較主觀，也比較鐵齒，是有獨特金錢觀的研究型理財達人。

就拿買股票來說好了，他們不見得相信業務人員的話，寧願靠著自己吸收的知識來投資，而且可能會投資一筆令人訝異的數字。

不過，即使再怎麼花錢，ＡＢ型的人還是會留一筆預備金在身旁，當你聽到ＡＢ型的人哭窮時，說不定他們還比你有錢呢！如果你有一位ＡＢ型的朋友，你可能會覺得他們什麼都要算的一清二楚，就連一同去麵攤吃麵，他們也會分毫不差出他們該出的錢。

出門在外，ＡＢ型的人不會讓人請客，也不會主動請客，共同分攤制是他們最喜歡的結賬方式。不過，你

可別以為他們愛計較，這只是ＡＢ型務實的基因在發揮作用罷了，因為他們也不會佔人家的便宜。

◆不同血型人，**取財**各有道！

A型

他們在理財方面的特點是細心謹慎、穩定性佳，有耐性、不急躁且不易浪費錢財，對於錢財的管理有自己的主見，但有時候缺乏一定的整體計劃，眼光有一定的局限性。Ａ型的人喜歡錢，一般生活上比較節約簡樸不喜歡亂花費，取財的來源多數是自己的收入。但他們對於投資有較大的興趣，不過卻不會因為市場的變化，產生大幅的情緒波動而影響操作，他們也很適合投資股票等高風險高收益的理財品項，但相較ＡＢ型的朋友，Ａ型稍欠靈活應變性，也較固執。

B型

對自己有節儉的要求，但又常常無法做到這一點，容易受情緒波動的影響而浪費金錢，且有較強的投機情結，對於錢財管理方面，小的細節較難注意，但大的方

面有較強的整體規劃意識。

B型的朋友會比較懶散些，投資意識不是特別強，喜歡「懶人理財法」。如果哪天他們想理財了，方式也是比較隨意的，就是哪種簡單哪種好，而儲蓄當然是最簡單的。保險公司或基金公司的推銷員一貫理論，他們不大願意去搞懂，如果這個推銷員正好有顯而易見的促銷手段，他們會比較樂於選擇這種方式。

O型

理財特點：他們對錢財的慾望比較強烈，有很強烈的金錢觀念，對於賺錢會有較強的主動性和行動力，但花費的方式也是較大手筆，是屬於能賺會花、大進大出型。對於錢財的管理缺乏一定的計劃性，雖然某些時候因為突然產生的危機意識或者興致，會有想節省的念頭，但卻往往不能堅持。對於金錢的慾望相對不是太強烈，一般抱著夠用就好的想法，消費也很實際。

在理財方面，一般O型人的投資慾望不會特別強，也喜歡以保守的儲蓄為主，但其實O型人有靈活敏捷的特點，也是比較適合投資時下熱門的股票或開放式基金

等理財類的。當然，要根據不同的年齡來論投資占家庭總資產的比例。例如，年紀較輕、收入有可見增長性的Ｏ型人可以把這個比例提高一些，而年紀較大收入增長性不強的Ｏ型人可以把這個比例降低些。

ＡＢ型

對錢財的規劃性較好也較細緻，喜歡存錢，注重把錢用在刀刃上，每一分錢盡量發揮最大的作用，對於財富的處理方式較低調。ＡＢ型的朋友如果稍加學習，還是比較善於理財的，他們平日裡節儉低調，不喜炫耀攀比，不喜名牌、講究實際，自己有一套獨特的金錢觀，對於理財投資有強烈的研究精神，他們非常冷靜，錢來錢去，都不會太激動，做股票買賣等風險性較大的投資，在沒有學習研究透徹之前，他們不會輕易參與；而一旦充分瞭解吸收了相關的知識，感覺有了把握，就會大膽的參與其中，並容易獲利。因為ＡＢ型的人情緒穩定、理性，一旦操作起來失誤較小。另外適合的投資方式也非常多，可自行結合自身情況而定。

◆誰是**儲錢筒**，誰是**月光族**？

不同的血型有不同的金錢觀和財富路，也遵循著不同的取財之道，必然，也會有不同的消費觀念。Ａ、Ｂ、Ｏ、ＡＢ四種血型，哪一種血型是謹慎小心、精打細算的儲錢筒，哪一種又是揮霍無度的月光族呢？

Ａ型

為人謹慎，行為縝密，擅長於微觀分析，但往往有偏執的弱點。

說到精打細算的儲錢筒，他們是當之無愧的。Ａ型的風險意識極強，寧可錯過不願做錯。他們喜歡聚斂財富，愛好儲蓄，看著自己的錢包漸漸鼓起，帳戶裡的數字越來越多，會讓他們有止不住的興奮和自豪。

然而投資卻不能讓他們心安，資金利用率一向很低的Ａ型投資起來，必定是動了很久的腦筋，經過嚴密的推算，而且一旦投入錢財便會很緊張。

Ａ型的人一般在生活上比較節約簡樸，不喜歡亂花費，所以資金利用率較低。

B型

相較其他血型的人而言，他們更容易浪費金錢，素有「月光族」的傾向，而且往往是不知不覺花掉，對於各種熱門的東西，他們都比較好奇，也是各類消費廣告的嚴重受害者，廣告推什麼他們就對什麼心動，也許對B型的人來説，花錢就是買一種感覺。所以，要多多控制自己的消費慾望，建立「節約就是賺錢」的良好概念，這樣也會比較容易聚斂財富，這對他們來説，已經是一種不錯的理財效果了。

現在流行股票和基金，B型的朋友也會比較喜歡跟隨，他們的消息來源也廣而多，但具體買什麼？怎麼買？可不能隨便聽別人的，還是要培養出自己良好的判斷力和自我主張才比較好！

O型

O型的人有著豪爽大方的一面，注重禮尚往來，對於交際應酬捨得花錢。有時候他們因為比較衝動的個性，常會容易因為一時興起而買了不必要的東西，浪費了金錢。一般O型的人對於投資報酬率較低的儲蓄沒有

太大的興趣，他們不怕風險，喜歡做一些有挑戰性的事情，很容易被高回報卻高風險的投資吸引，而高風險的投資卻常會成為他們花光錢財的原因。

不過，O型的人卻不像B型那樣感性衝動，他們的衝動一般是基於一定的理性分析，而不是無緣無故的一頭熱，一時興趣。務實的O型雖然大手花錢，但是賺錢卻也是相當神速的，是屬於大手花錢、大把賺錢的人。

ＡＢ型

ＡＢ型的人對於金錢的處理也是比較大方的，但比較特別的一點是，他們不是非常注重一定要禮尚往來。例如，別人送了他們什麼東西，他們不會一定要去還禮，或者他們送了別人東西，也不一定指望別人能還禮過來。他們比較熱情、單純，考慮事情比較簡單化，但也有一定的衝動性質，並且容易受他人影響，對於理財的方式容易搖擺不定。有些水象ＡＢ型的人是比較節儉的，感覺敏銳的他們，是有很多創造財富機會的，但心理承受能力稍欠，不喜歡太高風險的投資方式，也不相信一夜致富的神話。他們比較喜歡穩當的投資理財方

式，在花錢方面屬於「中庸」的一類。

◆選對投資方案，像**滾雪球**般賺錢！

◇A型的投資方案

A型的朋友對於投資方案的選擇上，稍欠靈活應變性也較固執。因此，要注意適當聽取各方訊息，畢竟投資市場是個不斷變化的市場。

建議A型的人不要把所有雞蛋放在一個籃子裡，以免個人主觀判斷的失誤造成嚴重的損失。例如，只是將個人總資產的一部分用來投資高風險的項目，而其他則放在回報相對較低但較穩定的項目上。

綜合A型人謹慎小心的特點而言，A型的朋友在投資前可以事先做好全盤的整體規劃，設定好階段目標收益，採取穩定與風險並存的多種投資方式，而不是採用自己喜歡的那唯一一種方式，然後隨著每個目標階段的到達，隨時監督並調整各投資部分相應的比例。

◇B型的投資方案

B型的人投資意識不是特別強，喜歡「懶人理財

法」。但他們也不會亂花錢，同樣有著比較龜毛的個性，他們對吃穿的要求不高，不像Ａ型或者Ｏ型那麼講究，Ｂ型的人比較隨意。儲蓄對於他們來說當然是最簡單也最常用的。建議Ｂ型的人要多花點精力和時間來學習理財，管住自己到處氾濫的好奇心，畢竟懂得投資財富才會增值！同樣對於投資，Ｂ型的人也要避免衝動，比如某支股票已經漲得很高還一頭熱的衝進去。做一個投資決定之前，請反覆三思，對於投資的期望值不要過高也不要急躁，只要達到合理的回報範圍即可。建議除了投資之外，還是要保持一定的儲蓄比例。

◇Ｏ型的投資方案

一般Ｏ型火象星座的朋友，對於投資報酬率較低的儲蓄不會有太大的耐性，風險意識較差，很容易被高回報、高風險的投資，例如期貨或股票投資等吸引；或者因為爭強好勝、愛炫耀的個性而買了正處於高價位的房產，背上過高的負債而痛苦不堪。所以，請對理財保持冷靜的態度，避免投機或賭博性的行為（最好避免期貨投資），盡量請專業人士來打理金錢，或是交給信託公

司；或者購買一些基金，強制性的防止個人短線操作，外加購買適當金額的個人保險較為安全。

當然，建議Ｏ型的人在適當學習理財知識的情況下，大部分資金還是可以繼續以儲蓄為主，小部分嘗試做投資，例如基金、股票之類。另外也可以用一部分資金購買保險，也可以發揮自己的良好品位，投資收藏一些有升值潛力的藝術品或古董。

◇ＡＢ型的投資方案

雙重個性的ＡＢ型不喜歡太高風險的投資方式，比較喜歡穩當的投資理財方式。

儲蓄絕對是首要的，然後結合他們活潑的個性，選擇幾種比較簡單易操作做一些投資，例如炒外匯、炒黃金、開放式基金等等，波動幅度不像股票那麼大，但也有一定的趣味性可以吸引他們。而有著浪漫藝術氣息又善於鑽研的ＡＢ型，也很適合投資藝術品、字畫、古董之類，他們也會願意學習相關的知識和學問。

另外，ＡＢ型的人也可以考慮為自己或家人投一定數額的保障型保險，但其占總資產的比例無須過大，根

據實際情況感覺合適即可。ＡＢ型對於各種理財的方式，往往躊躇不知道選哪種好，也顯的缺乏決斷力和執行力。所以ＡＢ型的朋友要盡早決定自己喜歡的投資方式，建議以安全性佳，投資報酬率穩定的為好，而一旦決定了就不要再輕易改變。

◆測測不同血型的**創業指數**！

人的基本血型有四種，目前雖然還沒有足夠的科學證據證明與人的性格、健康、生活有重要關係，但面對統計事實，我們不得不相信，在所有的血型中，包括Ａ型、Ｂ型、Ｏ型、ＡＢ型，這些不同的血型，會顯現出不同的創業格局。究竟哪些人適合創業？現在我們將依據血型來分析一般人的創業性格。

Ａ型

「才子型」的創業家！

創業指數：★★★☆☆

Ａ型的人，具有一種非凡的能力，即能夠支配、調

動他人的思想、感情、觀點和意見，使得別人的思想感情能夠以自己為中心，與自己相適應，為自己服務。但與此同時，他們又幾乎完全喪失了另一種應有的能力，就是「理解他人」。

心思細密，深謀遠慮，這是 A 型的優點，不過想得太多卻常因此比較會鑽牛角尖而優柔寡斷。一般來說，A 型的人比較適合做勞「心」而非勞「力」的行業，例如個人工作室、企業顧問公司，他們是屬於「才子型」的創業家。

B 型
衝動多疑型」的創業家！

創業指數：★★☆☆☆

B 型的人考慮問題時非常大膽，不拘泥於傳統和習慣、頭腦靈活、富於創造性，敢於打破制式的樊籬。目光遠大，總是具有一種要改變現狀的雄心。性格開朗，興趣廣泛，天生的善於交際，為人誠實不會撒謊，對所有人都一視同仁，不存偏見。做事乾淨利落、判斷事物

迅速、熱心於工作，在逆境中能夠表現出堅強的毅力。

B型是比較自由主義的血型，而偏偏又比較大而化之，是屬於粗線條型。但是有些B型的人會帶著A型多疑的因子，因此B型的人創起業來，經常會缺乏一股「衝動」，所以是屬於「衝動多疑型」的創業家。

O型

「英雄型」的創業家！

創業指數：★★★★☆

O型的人由於比較衝動，個性固執之外還敢作敢當，因此他們往往比較疾惡如仇。

對個性偏直的O型人來說，由於是實際的行動派，因此創起業來會比較「躁進」，所以他們最理想的左右手，則為有心思的A型。而O型本身屬於「英雄型」的創業家。O型的人富有開拓精神敢於冒險；有理想、有雄心，有堅定的信念；爭強好鬥，死不服輸；我行我素，剛愎自用；具有頑強的毅力、堅強的意志。這些都是從他們身上反映出來的性格特徵。除了這些特徵外，

Ｏ型的人還富於浪漫色彩。如果我們看過一些歷史人物的言行和思想的話也許就會發現，那些在世界歷史發展的過程中有著重要作用的偉人、英雄、思想家、著名將領、探險家和大實業家等，大部分都是Ｏ型的人。

ＡＢ型

「冷靜型」的創業家！

創業指數：★★★★☆

事實上，很多企業公司的老闆或創業者，多是ＡＢ型的。ＡＢ型是極端的血型，因為ＡＢ型的人比較理性，因此常具備了能冷靜判斷的特質。

ＡＢ型的人在追求成功的過程，會比其他血型不屈不撓而更容易接近成功。但缺點是，在遇到利害衝突時往往表現得太冷酷，因此有點不近人情，所以ＡＢ型的人在創業時，應該要在人情世故方面多加強，這種血型的人是屬於「冷靜型」的創業家。

讀品首選

十二星座看你準到骨子裡

曾經有段愛情讓你肝腸寸斷？
曾經有位朋友讓你痛澈心脾？
曾經有個同事讓你恨之入骨？
曾經有件往事讓你念念不忘？

別斷、別痛、別恨、別忘！只要這一本，解決難事
不再是問題！

最受歡迎12星座愛情大ＰＫ

什麼叫做一見鍾情？什麼叫做海誓山盟？
事事無絕對，世事難預料，有此書在手，保證你的
愛情、桃花朵朵開，讓你和「敗犬」、「痴漢」、
「干物女」、「草食男」這些名詞說拜拜！

讓您讀出屬於自己的品味

史上，最靠腰的腦筋急轉彎

最囧的冷知識、毫無頭緒的冷笑話都在這本書
挑戰你的EQ極限，答案永遠都是讓你狂罵三字經的
衝動
囊括最賤的題目、最無厘頭的答題方法

史上，最靠北的腦筋急轉彎

毫無人性、慘絕人寰的一道道題目，絕對讓你氣到
胃食道逆流
如果EQ不夠高，請勿打開此書解題，否則……讀者
們的隨身物品，我們不負損壞責任

"悅"讀，是遨遊世界的另一種方式。

真黃傳：
史上最矯情的笑話王

笑不笑得出來是客倌的氣度，能不能讓客倌笑出來
就是此書的本事！
考試考太差？情人不夠好？老闆太機車？同事太矯
情？翻翻這一本！絕對讓你開懷大笑，煩惱瞬間拋
光光！

在這冷漠絕情的時代，想要交朋友就必須得會說笑
話；想要升官發財，就得摸清長官同事們的笑點。

我是【喇低賽專用】
的腦筋急轉彎

後勁最強題目，最兇猛的解答，答案永遠是讓你
飆血壓爆血管的震怒
最無情的題庫，最失禮的回答，答案永遠是令人
血脈噴張的暴動

囊括最賤的題目、最無厘頭的答題方法、毫無頭緒
的冷笑話都在這本書！

完全解夢&
手相&面相讀心術大揭密

本書就是
看準你的心事重重
看到你的命格太差
看中你的衰事連連

這時候你還在逆來順受嗎?
醒醒吧!賤人就是「腳勤」,不勤哪來的雨露可沾
呢?

解夢宅急便:
一本你專屬的解夢書

想解開你的夢境?
想了解你的渴望?
想破除你的疑惑?
天天想,每天想,想破頭也不知道原因?還不快來
試試這一本!

你所不能不知的解夢祕笈,讓你做「噩夢」也會笑
喔!

永續圖書
線上購物網

www.foreverbooks.com.tw

◆ 加入會員即享活動及會員折扣。

◆ 每月均有優惠活動，期期不同。

◆ 新加入會員三天內訂購書籍不限本數金額，
即贈送精選書籍一本。（依網站標示為主）

專業圖書發行、書局經銷、圖書出版

永續圖書總代理：
五觀藝術出版社、培育文化、棋茵出版社、達觀出版社、
可道書坊、白橡文化、大拓文化、讀品文化、雅典文化、
知音人文化、手藝家出版社、璞珅文化、智學堂文化、語
言鳥文化

活動期內，永續圖書將保留變更或終止該活動之權利及最終決定權。

▶ 星座＆血型密碼完全大破解（攜帶版）

■ 謝謝您購買本書，請詳細填寫本卡各欄後寄回，我們每月將抽選一百名回函讀者寄出精美禮物，並享有生日當月購書優惠！
想知道更多更即時的消息，請搜尋 "永續圖書粉絲團"

■ 您也可以使用傳真或是掃描圖檔寄回公司信箱，謝謝。
傳真電話：(02) 8647-3660　　信箱：yungjiuh@ms45.hinet.net

◆ 姓名：　　　　　　　　　　　　□男　□女　　　　□單身　□已婚

◆ 生日：　　　　　　　　　　　　□非會員　　　　□已是會員

◆ E-Mail：　　　　　　　　　　　電話：（　）

◆ 地址：

◆ 學歷：□高中及以下　□專科或大學　□研究所以上　□其他

◆ 職業：□學生　□資訊　□製造　□行銷　□服務　□金融

　　　　□傳播　□公教　□軍警　□自由　□家管　□其他

◆ 閱讀嗜好：□兩性　□心理　□勵志　□傳記　□文學　□健康

　　　　　　□財經　□企管　□行銷　□休閒　□小說　□其他

◆ 您平均一年購書：□ 5本以下　□ 6～10本　□ 11～20本

　　　　　　　　　□ 21～30本以下　□ 30本以上

◆ 購買此書的金額：

◆ 購自：　　　　　　　市(縣)

　　□連鎖書店　□一般書局　□量販店　□超商　□書展

　　□郵購　□網路訂購　□其他

◆ 您購買此書的原因：□書名　□作者　□內容　□封面

　　　　　　　　　　□版面設計　□其他

◆ 建議改進：□內容　□封面　□版面設計　□其他

　　您的建議：

讀好書品嘗人生的美味

星座&血型密碼完全大破解（攜帶版）